新版
NEW EDITION

BASIC KANJI BOOK

―基本漢字500―

VOL.1

Chieko Kano
Yuri Shimizu
Hiroko Yabe
Eriko Ishii

BONJINSHA CO., LTD.

はじめに

　本書は、非漢字系の学習者に漢字を少しでも効率的に、そして体系的に教えようという試みで作られたものである。筑波大学の留学生教育センターでは、1986年4月から「漢字学習研究グループ」を作り、パーソナル・コンピューターを利用した漢字学習プログラムの開発、実践、研究などを進めながら、漢字の何が難しいのか、どうすれば効率的に漢字の学習ができるのか、などを模索してきた。そのグループのメンバーが1987年秋に作成した『基本漢字の練習Ⅰ・Ⅱ』の試用版は、当センターの日本語コースで1年間使用してきたが、その使用結果を検討し、改訂を加えたものが本書である。

　当センターの初級集中日本語コース（約500時間）は、関東・甲信越の国立大学に配置される文部省の研究留学生を対象に行われていた。学生のほとんどは、非漢字系であり、配置先の大学での研究活動に必要な日本語力を養成するというコースの目的を達成するためには、効率的な漢字教育が不可欠である。また、漢字を学習することによって、日本語そのものの運用能力が高まる、あるいは日本語的な認識方法ができるようになる、という利点もある。例えば、漢字の拾い読みによる速読であるとか、単漢字の意味から未習の複合語の意味を類推することなど、特に、中級・上級へと進む意志のある学習者にとって、漢字学習の効用は大きい。

　しかし、これまでの日本語教育では、漢字の学習は個々の学習者の努力に委ねられるのが普通で、漢字の重要性、その習得の難しさにもかかわらず、漢字の教授法や教材の研究などが十分になされてきたとはいえない。語彙とともに一つ一つ辛抱強く書き取りをして暗記していくしかない、という旧態依然としたやり方では、途中で挫折してしまう学習者も多いはずである。

　本書を作るに当たっては、まず漢字の難しさを次のように分析してみた。

　(1) 字形の複雑さ
　(2) 数の多さ
　(3) 表意性・表語性（アルファベットなどの表音文字とは違うという点）
　(4) 日本語の表記システムの複合性（ひらがな・カタカナとの併用）
　(5) 多読性・多義性などの特性

以上のような難しさを短期間に克服させるためには、ある程度理論的な説明も必要であろうし、また、「基本漢字」というような最小限の数の漢字を選んで、学習者にとりあえずのゴールというものを設定してやることも必要なのではないだろうか。単に主教材である文法や会話の教科書に出てくる言葉をやさしいものから順に漢字で教えるというのではなく、漢字の成り立ちを体系的に教えるとか、読解につなげるための語彙体系と結びつけて教えるとか、将来の漢字学習・日本語学習を効率的にするような基本単位としての漢字を教える姿勢がなければならないと思われる。また、日常よく見

る漢字も積極的に取り上げて、漢字学習の動機を高めることも大切である。せっかく漢字を苦労して覚えても、日常生活に必要な情報が一向に得られるようにならないという苛立ちは、学習者を出口の見えないトンネルに追い込むようなものだからである。

本書の目的は、基本漢字500字を使って、学習者に

1. 漢字学習に関する知識(字源・表意性・音訓のルール・書き方・部首など)を体系的に教える
2. 漢字の運用能力(文脈からの意味の推測・複合漢語の意味構造の分析・漢字語の意味から文の意味を理解することなどを含む総合的な力)をつける
3. 覚えた漢字をいつでも必要に応じて記憶の中から取り出して活用できるような覚え方、思い出し方、整理法などを工夫させる

ということである。もちろん、学習させる500字に関しては、読み書きができるようにしなければならないことはいうまでもない。

基本漢字500字の選定に当たっては、上記の目的を達成するための効率を第一義に考えて、以下のような手順で決定した。

①漢字の成り立ちを教えるための漢字(象形文字・指事文字・会意文字など)を採用する。
②漢字力を読解につなげるために、主語・述語となる基本的な名詞、動詞、形容詞に使われる漢字を選ぶ。
③部首の概念を教えるために、基本的な部首として機能する漢字を選び、また各部首を持つ漢字がある程度の数集まるように調整する。
④使用頻度や造語性が高い漢字を採用する。(学習研究社の『新しい漢字用法辞典』、国立国語研究所の『現代新聞の漢字』、および『現代雑誌九十種の用語用字』を参照した。)
⑤人名・地名の漢字や日常よく目にする表示の漢字については、500字の枠外でも紹介する。

このようなわけで、500字の中には、本当はその漢字自体が大切なのではなく、その漢字が他の漢字の要素となっているので、その漢字の書き方を覚えることで、他の多くの漢字が覚えやすくなるというようなものも含まれている。また、字源や部首を説明する際は、外国人にわかりやすいこと、外国人の記憶を助けるようなものであることが重要であると考えたので、本当の字源や部首とは違った説明をあえてしたところもあることをお断りしておく。

いずれにしても、学習効率というのは、実際に教材を使ってみた結果を重ねていかなければ結論は出せないものであるから、この500字の内容についても、さらに使いながら修正していくべきだと考えている。今後もできるだけ多くの方々に使っていただき、ご意見、ご批評をいただければ幸いである。

本書の編集方針、500字の選定、学習内容の配列などは、漢字学習研究グループの
メンバー4人が定例ミーティングで話し合い、検討し、決めてきたものであるが、当
センターで教えている数多くの日本語担当教師からも、実際に授業で使用してみた上
でのさまざまな意見・批評・助言などが出された。その先生方の体験、意見なども本書
には大いに反映されている。それから、試用版から第2版までこの本を使って漢字を
勉強した数多くの留学生たちから得た数々の貴重なコメントも忘れることはできない。
　なお、本書の各課の学習内容の担当者は、以下の通りである。

　　　加納千恵子…………1、2、3、4、5、6、7、25、26、27、36、44、45
　　　清水百合…………11、12、13、14、28、29、30、33、41、42、43
　　　谷部(竹中)弘子……8、9、16、17、19、20、21、24、34、35、37、38
　　　石井恵理子…………10、15、18、22、23、31、32、39、40

　また、全体を通して、漢字の成り立ち・読み物については加納、部首・書き方につい
ては清水、形容詞・動詞および語構成については竹中、意味や場面による実用的グルー
ピングについては石井、というように分担して調整を行った。

　　　1990年7月

　　　　　　　　　　　　　　筑波大学留学生教育センター
　　　　　　　　　　　　　　漢字学習研究グループ
　　　　　　　　　　　　　　　　加納千恵子　　　清水百合
　　　　　　　　　　　　　　　　谷部(竹中)弘子　　石井恵理子

改訂にあたって

　なお、2004 年の改訂にあたり、『Basic Kanji Book』vol.1 と vol.2 の学習を終えて、『Intermediate Kanji Book』に進んだ学習者が参照する際の便宜を考え、巻末に「漢字番号順音訓索引」をつけた。本書は初級学習者を対象としているため、初級で扱わないような語の読みは載せていないが、巻末の新しい索引には、常用漢字表に載っている読みをすべて示してある。今後の学習に役立てていただければと思う。

　　2004 年 1 月

著者一同

新版発行にあたって

　1989 年に『Basic Kanji Book』を世に出してから、25 年の年月が流れました。この間、当初からの漢字教育の理念は全く変わっていませんが、いろいろな修正を加えてはきたものの、一部の内容や装丁、レイアウトなどに古さが目立つようになってきました。そこで、2015 年を機に新版を発行できることになりました。これも、25 年間の長きにわたり本書を愛用してくださった先生方、学習者の皆様のおかげと著者一同心から感謝しています。

　新版では、レイアウトを一新しました。具体的には、学習漢字を見やすくするためにフォントを大きくし、イラストレーターの酒井弘美さんにお願いしてイラストを描きかえ、米国コロンビア大学の大学院生 Thomas Gaubatz さんに英語の部分のチェックを依頼するとともに、古くなった内容の見直しも行いました。また、海外で教える先生方や本書を自習する学習者のために、練習の解答例もつけてあります。

　今後も、新版『Basic Kanji Book』が日本語の漢字学習の支援に役立つことを願ってやみません。

　　2015 年 4 月

著者一同

本書の使い方

本書の内容は目次にある通りだが、各課の構成は次のようになっている。

各ユニット	内容
ユニット1	漢字の話 （漢字の成り立ち・部首・用法などその課の学習漢字に関する説明）
ユニット2	基本漢字(各課 10 字～ 12 字)　2-1. 漢字の書き方 　　　　2-2. 読み練習　　　2-3. 書き練習
ユニット3	読み物(11 課以降)
知っていますか できますか	役に立つ漢字情報やゲームなど

本書は一応各課を約 60 分の授業で使うようにデザインされているが、各教育機関、各学習者の実情に応じて、適宜工夫してほしい。

ユニット1

　ユニット1は、漢字の体系的学習を助けるための基本的な学習項目と思われるものを、「漢字の話」として1課分ずつの長さ(1 ～ 2 ページ程度)にまとめたものである。漢字の字源、成り立ち、部首など、いわゆる漢字というものを紹介するための説明のほかに、形容詞・動詞の送りがなのルールであるとか、動詞の用法による分類(スル動詞・移動動詞・変化動詞など)であるとか、言葉の意味による分類(位置・家族の名称・専門分野・季節・経済・地理など)や場面による分類(旅行・結婚・試験・生活など)、漢字の接辞的用法や語構成の説明など、さまざまなものが含まれている。これは、このような知識や整理法が学習者の漢字運用力の向上に有効であると考えるからである。説明は、英語(後半は、やさしい日本語)やイラストになっているので、学習者に予習として読んでこさせることができる。教師は、クラスの初めの部分でその内容について質問を受けたり、学習者と話し合ったり、簡単なクイズがついている課ではそれを使ったりして、学習者がその課で学ぼうとしていることを理解しているかどうか確認する。時間にして、10 分～ 20 分程度(学習者が予習で十分理解できていれば、軽くふれる程度でもよい)であろうが、ここで学んだことが、後に学習者には、その課のメインテーマとして記憶に残り、その課の漢字を思い出すときの助けとなるはずなので、教師はできるだけ

おもしろく授業を進めるよう努力してほしい。

ユニット2は、3つの部分からなっている。2-1の漢字の書き方、2-2の読み練習、2-3の書き練習である。2-1の部分には、その漢字の字体を大きく示し、その字の意味、主な音訓の読み、画数が載せてある。訓読みはひらがなで、送りがながある場合は間に「-」を入れた。音読みはカタカナで書いてある。あまり使われない読みは（　　）に入れ、初級では勉強しない読みは載せていない。その下の欄には、漢字の書き順を1画ずつ示し、また、その漢字を使った基本的な熟語の例を4語程度選んで、その読みと意味を載せた。原則として、左側に訓読み語を縦に並べ、右側に音読み語を置くが、熟語の数によってそうなっていない場合もある。熟語の読みは下のように漢字1字分ごとに「・」で区切って（　　）の中に示す。「＊」印は特殊な読み方をする熟語である。

通し番号

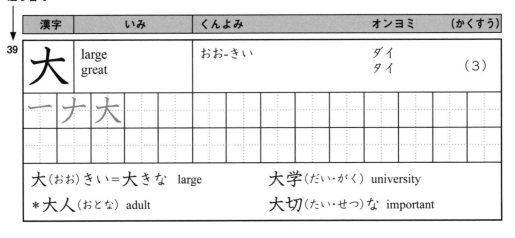

漢字		いみ	くんよみ	オンヨミ	（かくすう）
39	大	large great	おお-きい	ダイ タイ	（3）

一 ナ 大

大（おお）きい＝大きな　large　　　　大学（だい・がく）university

＊大人（おとな）adult　　　　大切（たい・せつ）な　important

2-2の読み練習と2-3の書き練習の部分は、それぞれがⅠとⅡに分かれているが、Ⅰは基礎的なやさしい練習で、Ⅱは応用練習というべきものである。読み練習に関しては、Ⅰが基本的な単語の読み、Ⅱが文の読み、というようになっている。書き練習のⅡには、まだ習っていない漢字を使った言葉も紹介されているので、難しいという印象があるかもしれないが、このセクションの主眼は、漢字をただ機械的に繰り返し書かせるのではなく、いろいろな言葉の中に使われているその字の意味を類推させながら書かせることであって、そこに紹介されている言葉を全て覚えさせることではない。このことは学習者にもよく理解させる必要がある。Ⅰのセクションには、各漢字を使った本当に基本的な語しか載せていないので、後になると、Ⅱのセクションが語彙参照用のページともなりえるのである。

さて、1課から10課までは、クラスで丁寧に漢字の書き方を指導してほしいので、2-1に20分程度、2-2と2-3のIの部分に合わせて20分程度をかけ、IIの部分は宿題として翌日チェックする。11課以降は、2-1と2-2、2-3のIの部分は予習させてきて、朝提出させたものをクラスの前にチェックして返すようにする。クラスでは、間違ったところを指摘するにとどめ、2-2のII（文の読み練習）やユニット3の読みものに重点を置くようにしていく。書き練習のII（改訂版では、21課以降にIIIとして応用練習もつけてある）は宿題にしてもよいし、学習が遅い者には、負担を軽くするために飛ばすこともできるだろう。漢字を書くスピードは個人差が大きいし、またその必要度もまちまちであることが多いからである。

　漢字のクラスを担当する教師は、その課の漢字カードや単語カードを準備していく必要がある。フラッシュ・カードとして、手際よく読み練習をさせるために使うばかりでなく、カードの漢字を組み合わせて言葉を作る練習をしたり、部首ごとにグループ分けをする練習をしたり、時間があれば、単語カードで口頭作文の練習をするなどいろいろ工夫できる。なお、練習や宿題で漢字を書かせる時には、できれば本書に直接書きこませないで、漢字練習用のノート（小学生用の国語ノートでもよいが、ファイル・ノートやルーズリーフ・ノートが提出させる際に便利）を使わせることが望ましい。そうすれば、学生は本書を見ながら何回も繰り返し練習できるからである。

ユニット3

　11課以降にはユニット3として、読み物をつけた。はじめのうちは、語単位の読みから文単位の読みへ、さらに既習漢字を使ったやさしいストーリーの展開の読みへと、徐々につなげていくことを意図したものが主だが、後半は、できるだけタスク型の読み物を増やすように努めた。1語1語を追って全部を完全に理解しようとするのではなく、与えられたタスクを解決するのに必要な情報だけを拾って読む、あるいは全体の意味を大きくつかみながら速く読む、など本当の意味での読みの作業に近づけることにより、読解力を養成することを目指したものである。だいたい15～20分で読み、設問をこなせることを目安に作ってある。学生が少しでも読む楽しみを味わってくれればと願って作ったものである。

しっていますか できますか? (Do you know these words? Can you use them?) **／ふくしゅう**

　このセクションは、いわば番外編のようなものなので、毎課必ずやる必要はなく、時間に余裕のある時に使えばよい。復習の日などにすることもできるし、これを題材に会話のクラスなどに発展させる、などいろいろな使い方ができると思う。興味があれば、学生が自分で読んでいくこともできるだろう。5課ごとに、復習・整理のページが入れてあるので、知識の整理に活用してほしい。宿題として提出させてもよい。

　さて、以上は1989年当時、当センターでの75分授業(うち60分を本教材に、のこり15分を主教材の漢字の読み練習に使う)を想定して作った教案であり、初級コースでは、以下のように1日1課のペースで授業が進められていた。

　　　　1コマ目(75分)：CAIによる文型・文法チェックと漢字の読み練習
　　　　　　　　　　　　　(予習の確認および質問受付の時間)
　　　　2コマ目(75分)：口頭ドリル
　　　　3コマ目(75分)：会話練習
　　　　4コマ目(75分)：漢字練習・読解練習

　4コマ目の漢字練習・読み練習の時間は、75分全部を本書に使っているのではなく、15分程度を会話教科書に出てくる漢字語彙の読み練習に使い、残りの60分程度を本書を使った体系的な漢字練習および読解指導に当てている。このように、他の主教材との併用も可能であるから、実際のクラスの実情に合わせていろいろな使い方を工夫していただきたいと思う。

Preface

In the field of Japanese language education, memorizing kanji has largely been entrusted to the student's individual efforts. It goes without saying that a good command of kanji is necessary to read and write Japanese, and it takes time and persistence to reach the level where students can read and write kanji fluently. Until now, due to inadequacies in teaching materials, many students have understandably been discouraged by a slow and inefficient learning process. These two volumes have been designed with this in mind and aim to teach kanji both systematically and effectively.

In these texts, kanji are examined according to the following five features.

1) kanji with complicated shapes

2) kanji comprised of several components

3) kanji which both express meanings independently and play important roles in forming other words

4) the combination of kanji and hiragana or katakana in written language

5) kanji with several different readings and meanings

To deal with the areas of difficulty outlined above, it is necessary to give systematic explanations of kanji as they are presented and to set an attainable goal by selecting a minimum number of basic kanji for students to memorize.

Instead of simply instructing students to memorize kanji as they show up, these books introduce the origins of each character systematically, showing how these characters are used in combination with other kanji to form words often seen in daily life.

The expectation that students will be able to learn to read and write the basic 500 kanji by the end of this course is reflected in the following aims:

1) to give a broad explanation of what kanji are comprised of (i.e. origin, meanings of independent characters, 'ON-KUN' reading, calligraphy, radicals, etc.).

2) to help students achieve competence in reading kanji (including ability to infer the meaning of a kanji from its construction, analyzing kanji compounds to arrive at their meanings, etc.).

3) to teach effective ways of memorizing kanji so that students can make not only perceptive but also productive use of their knowledge.

The 500 basic characters for beginners have been chosen primarily on the basis of the aims described above. The following five points have also been important in the selection process.

1) Kanji that clearly represent one concept introduced in the class have been selected (e.g. pictographs, ideographs, and logograms).

2) To achieve competence in reading, verb-kanji, adjective-kanji and nominal kanji that are frequently found in texts and used in daily life have been chosen.

3) In order to teach the concept of radicals, to some extent, each kanji with a radical has been grouped with others of the same type.

4) Frequently used kanji and those characters which are highly useful in forming new words are included. (cf. *A New Dictionary of Kanji Usage* by Gakken, *Kanji Used in Recent Newspapers and Words* and *Kanji Used in 90 Recent Magazines* by the National Institute of Japanese Language)

5) Personal and place names, and kanji that are often seen in everyday life are introduced in addition to the basic 500 characters.

We must note here that these 500 characters include some kanji which are not frequently used themselves but are helpful because they work as elements of many other kanji. We also must mention that there are some explanations given in this material which in fact differ from the actual derivation of a certain kanji or radical. We have taken this liberty because we feel that these explanations will be more easily understood by students and will be effective as aids in memorizing kanji.

How to use these books

The structure of each lesson is as follows:

Unit 1	Kanji Topics
Unit 2	Basic Kanji (10 - 12 characters in each lesson) 2-1 Writing Kanji, 2-2 Reading Exercises 2-3 Writing Exercises
Unit 3	Reading Material (from Lesson 11)
Kanji in Daily life	Do you know these kanji? Can you use them?

Unit 1

"Kanji Topics" introduces you to the explanations (derivations, structures, radicals, etc.), classifications (parts of speech, meanings, situations) and structures (compounds, affixes) of kanji. Before each lesson you can pre-read this section and have some idea about the kanji you are about to study in the classroom. It is even better if you read these again after covering the characters in class.

Unit 2

Unit 2 consists of three parts: Writing Kanji, Reading Exercises and Writing Exercises.

In "Writing Kanji", each column introduces the following information about the character. (See example below.)

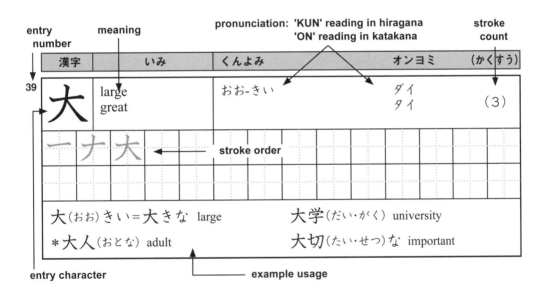

Inflectional words are given in their dictionary forms. However, na-adjectives are given in their noun-modifying forms as Adj-な. Parentheses indicate uncommon readings, and a hyphen (-) is used to connect the stem to its inflectional endings.

In the example usage box, respective readings are enclosed in parentheses immediately after kanji. An asterisk (*) marks a special way of reading, and a dot (.) indicates the boundaries of the kanji.

First, memorize the meanings, 'ON-KUN' readings, and usage examples. It may help you to copy the stroke order several times as you memorize. When you are ready to read those kanji, you can move on to "Reading Exercises". Exercise I contains essential readings. In Exercise II, you can practice reading kanji in sentences. It is advisable to write the readings down in a notebook and ask your teacher to check them. This will stimulate not only your aural memory but also your visual memory.

After "Reading Exercises", you can practice writing in "Writing Exercises". Exercise I lists only basic vocabulary which you can write using the kanji you have studied. Try to associate the meaning and reading with each character as you write it.

In Exercise II, you will come across characters you have not yet studied in Exercise I. Exercise II has been deliberately organized in this way to accustom you to the structure of kanji compounds. Here you may need your teacher's help to check that you are writing the kanji correctly.

Unit 3

"Reading Material" starts from Lesson 11. The aim of this is to get you to read the kanji you have learned. First you will read easy paragraphs containing only learned characters. Practice reading several times until you can read correctly and answer the questions. Gradually the reading material will include more variations (tasks and games). In the later lessons, you are expected to grasp the contents faster or to extract only necessary information from complicated contexts.

The readings have been arranged so that by the end of these lessons, you will feel confident reading passages containing many kanji.

 Kanji in Daily Life ／ ふくしゅう Review
しってぃますか できますか
(Do you know these kanji? Can you use them?)

It is not necessary to go through these sections with the same speed that other parts of the lessons require. You can take your time to read these. These can also be used as topics for classroom conversation.

After every five lessons there are review sections.

Introduction to the Japanese Writing System

There are three kinds of characters in Japanese: hiragana, katakana and kanji. Hiragana and katakana are characters that represent sounds. Kanji, however, are characters which express not only sounds but also meanings. Japanese sentences can be written either using either hiragana or katakana only, but this is not the case with kanji.

Look at the following sentences.

1) わたしはにほんじんです。

2) ワタシハニホンジンデス。

3) 私は日本人です。

The above three sentences express the same meaning: "I am Japanese," but sentences 1) and 2) are rarely used. Sentence 1) might be used in children's books and sentence 2) in a telegram. Sentence 3) is the one most commonly written in Japanese.

The kanji 私 carries not only the sound [WATASHI] but also the meaning "I". 日本人 [NI-HONJIN] is the kanji compound which means "a Japanese person". Roughly speaking, the kanji in Japanese sentences carry certain concepts and hiragana add grammatical details to the concepts. It is possible to read Japanese very quickly by picking out the kanji, thus getting the main concepts of each sentence. Of course, hiragana are also important in providing understanding of the details of the sentence.

Katakana are used to represent words of foreign origin as in the following.

4) 私はアメリカ人です。

Sentence 4) means "I am American," and the part "America" is written in katakana. Look at the following examples and notice that the original English pronunciations are partly changed since the Japanese language has a different sound system from that of English.

アイスクリーム	[AISUKURIIMU]	ice cream
ウイスキー	[UISUKII]	whisky
テレビ	[TEREBI]	television
ラジオ	[RAJIO]	radio
コンピューター	[KONPYUUTAA]	computer
フランス	[FURANSU]	France
インド	[INDO]	India
スミス	[SUMISU]	Smith

Kanji were introduced from China nearly 2000 years ago. Hiragana and katakana were made up from certain kanji in order to represent the Japanese syllabary. Hiragana were formed by simplifying the whole shape of certain kanji, and katakana were formed from a single part of a kanji. (See below)

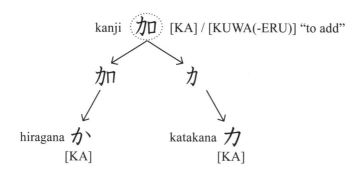

[Hiragana and original kanji]

安 あ	以 い	宇 う	衣 え	於 お
a	i	u	e	o
加 か	幾 き	久 く	計 け	己 こ
ka	ki	ku	ke	ko
左 さ	之 し	寸 す	世 せ	曽 そ
sa	shi	su	se	so
太 た	知 ち	川 つ	天 て	止 と
ta	chi	tsu	te	to
奈 な	仁 に	奴 ぬ	祢 ね	乃 の
na	ni	nu	ne	no
波 は	比 ひ	不 ふ	部 へ	保 ほ
ha	hi	fu	he	ho
末 ま	美 み	武 む	女 め	毛 も
ma	mi	mu	me	mo
也 や		由 ゆ		与 よ
ya		yu		yo
良 ら	利 り	留 る	礼 れ	呂 ろ
ra	ri	ru	re	ro
和 わ	遠 を	ん		
wa	o	n		

[Katakana and original kanji]

阿 ア	伊 イ	宇 ウ	江 エ	於 オ
a	i	u	e	o
加 カ	幾 キ	久 ク	介 ケ	己 コ
ka	ki	ku	ke	ko
散 サ	之 シ	須 ス	世 セ	曽 ソ
sa	shi	su	se	so
多 タ	千 チ	川 ツ	天 テ	止 ト
ta	chi	tsu	te	to
奈 ナ	二 ニ	奴 ヌ	祢 ネ	乃 ノ
na	ni	nu	ne	no
八 ハ	比 ヒ	不 フ	部 ヘ	保 ホ
ha	hi	fu	he	ho
末 マ	三 ミ	牟 ム	女 メ	毛 モ
ma	mi	mu	me	mo
也 ヤ		由 ユ		与 ヨ
ya		yu		yo
良 ラ	利 リ	流 ル	礼 レ	呂 ロ
ra	ri	ru	re	ro
和 ワ	乎 ヲ	ン		
wa	o	n		

目次 （Table of Contents） Vol. 1
もくじ

ユニット 1 ・・・・・・・・・・・・・・・・・・・・・・ 漢字のはなし（Kanji Topics）
かん じ

絵からできた漢字 -1-（Kanji from Pictures -1-）
え

The ancient Chinese drew pictures of things they saw around them. These pictures were simplified over time and given a square shape to make them easier to write. Eventually these pictures evolved into the kanji we use today. The shape of each kanji, therefore, is related to its original meaning.

Look at the following picture.

Guess the meanings of the kanji characters below.

1. 山　　2. 川　　3. 田　　4. 木　　5. 日　　6. 月

7. 人　　8. 口　　9. 車　　10. 門

These kanji characters were made from very primitive picture as follows. Usually each kanji has least two ways of being read; the so-called "KUN YOMI (=KUN, Japanese reading)" and "ON YOMI (=ON, Chinese reading)".

Picture	→	Kanji	"KUN"	"ON"	Meaning
		日	ひ	ニチ	sun, day
		月	つき	ゲツ ガツ	moon, month
		木	き	モク (ボク)	tree
		山	やま	サン	mountain
		川	かわ	(セン)	river
		田	た	デン	rice field
		人	ひと	ジン ニン	man, person
		口	くち	コウ	mouth
		車	くるま	シャ	vehicle, wheel
		門	(かど)	モン	gate

※ ( ) reading is rarely used.

When a single kanji is used as a word, we usually read it by its "KUN YOMI (=KUN, Japanese reading)", which gives its meaning. When one kanji is used together with another to make a word, we often read them by their "ON YOMI (=ON, Chinese reading)". Generally speaking, however, the way of reading a kanji should be decided according to each individual word.

ユニット2 ·················· 第1課のきほん漢字（Basic Kanji）

2-1　漢字のかきかた（Writing Kanji） ···

＜きほんのルール（Basic Rules）＞

Rule 1: Make every kanji the same size and balanced within a square.

Example.　×日本語　○日本語

Rule 2: Follow the basic stroke order.

(1)　Write from left to right.

(2)　Write downward.

(3)　Draw strokes from the top to the bottom as follows.

(4)　Draw strokes from the left to the right in the following order.

(5)　Draw a square in the following way.

(6)　When there is a figure in the square, the line which closes the square is drawn last.

cf. When a stroke line passes through a square, draw that stroke last.

Rule 3: There are three basic ways to end a stroke.

(1) Stop　　　　(2) Stretch　　　　(3) Hook

　　　　　　月

漢字		いみ	くんよみ	オンヨミ	（かくすう）

1 日　sun / day　　ひ／-び　か　　ニチ／ニ（ジツ）　　（4）

| 丨 | 冂 | 冃 | 日 | | | | | | | | | |

日 (ひ) the sun, day

３日 (みっ・か) the 3rd day, three days

日曜日 (にち・よう・び) Sunday

日本 (に・ほん／にっ・ぽん) Japan

2 月　moon / month　　つき　　ゲツ　ガツ　　（4）

| 丿 | 冂 | 月 | 月 | | | | | | | | | |

月 (つき) the moon, month

月曜日 (げつ・よう・び) Monday

１ (いっ) か月 (げつ) one month

１月 (いち・がつ) January

3 木　tree　　き　　モク（ボク）　　（4）

| 一 | 十 | 才 | 木 | | | | | | | | | |

木 (き) tree

木村 (き・むら) Japanese surname

木曜日 (もく・よう・び) Thursday

土木 (ど・ぼく) civil engineering

4 山　mountain　　やま　　サン／-ザン　　（3）

| 丨 | 山 | 山 | | | | | | | | | | |

山 (やま) mountain

山下 (やま・した) Japanese surname

富士山 (ふ・じ・さん) Mt. Fuji

火山 (か・ざん) volcano

漢字		いみ	くんよみ	オンヨミ	（かくすう）

5 川　river　　かわ／-がわ　　（セン）　（3）

ノ　川　川

川（かわ）river　　　　　小川（お・がわ）brook, stream
ナイル川（がわ）the Nile River

6 田　rice field　　た／-だ　　デン　（5）

丨　冂　冂　甲　田

田（た）rice field　　　　　山田（やま・だ）Japanese surname
田中（た・なか）Japanese surname　　水田（すい・でん）rice field

7 人　person　　ひと　　ジン　ニン　（2）

ノ　人

人（ひと）person　　　　　日本人（に・ほん・じん）Japanese (person)
＊1人（ひとり）one person　　3人（さん・にん）three people

8 口　mouth　　くち／-ぐち　　コウ　（3）

丨　口　口

口（くち）mouth　　　　　出口（で・ぐち）exit
入口（いり・ぐち）entrance　　人口（じん・こう）population

漢字		いみ		くんよみ			オンヨミ	（かくすう）

9

車 — vehicle, wheel — くるま — シャ （7）

一 厂 百 百 百 亘 車

車（くるま）car, wheel　　電車（でん・しゃ）train

自動車（じ・どう・しゃ）car, automobile　　水車（すい・しゃ）waterwheel

10

門 — gate — （かど）— モン （8）

｜ 冂 冂 門 門 門 門 門

門（もん）gate

専門（せん・もん）specialty

2-2 よみれんしゅう（Reading Exercises）······························

Ⅰ. Write the readings of the following kanji in Hiragana.

1. 木　　2. 車　　3. 月　　4. 門　　5. 日　　6. 人

7. 口　　8. 山　　9. 川　　10. 田　　11. 人口

12. 山田さん

Ⅱ. Read the following words and sentences.

1. 日曜日　　2. 月曜日　　3. 木曜日　　4. 日本
　　 よう　　　　　 よう　　　　　 よう　　　　 ほん

5. きょうは３月 15 日です。Today is the 15th of March.

6. あの人は山川さんです。That man over there is Mr./Ms. Yamakawa.

7. 山川さんは日本人です。Mr./Ms. Yamakawa is a Japanese.
　　　　　　　　 ほん

8. あの山は筑波山です。That mountain over there is Mt. Tsukuba.
　　　　　 つく ば

9. この川は利根川です。This river is the Tone River.
　　　　　 と ね

10. 川田さんの専門はコンピューターです。Mr./Ms. Kawada's specialty is
　　　　　　　 せん 　　　　　　　　　　　　　　　　　computer science.

7

2-3 かきれんしゅう（Writing Exercises） ∙∙∙∙∙∙∙∙∙∙∙∙∙∙∙∙∙∙∙∙∙∙∙∙∙∙∙∙∙∙∙∙∙∙

Ⅰ．Fill in the blanks with the appropriate kanji.

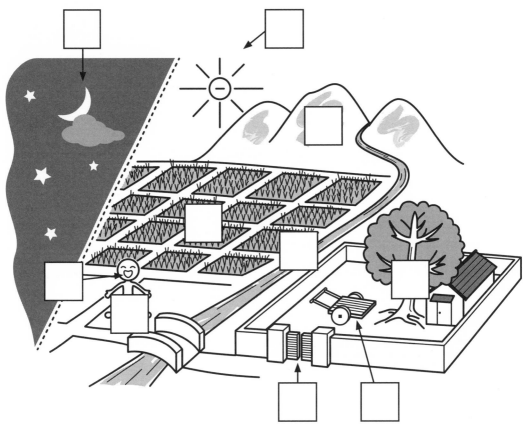

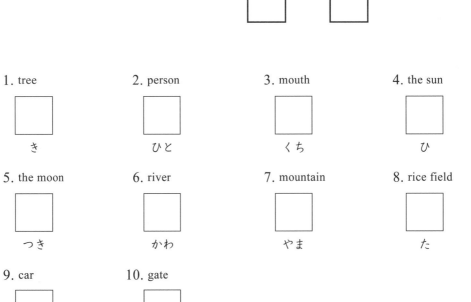

1. tree

き

2. person

ひと

3. mouth

くち

4. the sun

ひ

5. the moon

つき

6. river

かわ

7. mountain

やま

8. rice field

た

9. car

くるま

10. gate

もん

Ⅱ. Write the appropriate kanji based on the meaning of the word.

1. January
1 □
いち　がつ

2. February
2 □
に　がつ

3. March
3 □
さん　がつ

4. April
4 □
し　がつ

5. May
5 □
ご　がつ

6. June
6 □
ろく　がつ

7. July
7 □
しち　がつ

8. August
8 □
はち　がつ

9. September
9 □
く　がつ

10. October
10 □
じゅう　がつ

11. November
11 □
じゅういち　がつ

12. December
12 □
じゅうに　がつ

13. train
電 □
でん　しゃ

14. Sunday
□ 曜 □
にち　よう　び

15. Monday
□ 曜 □
げつ　よう　び

16. Thursday
□ 曜 □
もく　よう　び

17. Mt. Tsukuba
筑 波 □
つく　ば　さん

18. Mt. Fuji
富 士 □
ふ　じ　さん

19. population
□ □
じん　こう

20. specialty
専 □
せん　もん

21. Japanese (person)
□ 本 □
に　ほん　じん

22. Mr./Ms. Yamada
□ □ さん
やま　だ

23. Mr./Ms. Yamakawa
□ □ さん
やま　かわ

24. the Tone River
利 根 □
と　ね　がわ

9

第2課
だい　か

ユニット1　·············· 　漢字のはなし（Kanji Topics）

絵からできた漢字 -2-（Kanji from Pictures -2-）
え

Look at the following picture. Each drawing indicates a certain meaning.

Guess the meaning of the kanji characters below.

1. 火　　2. 女　　3. 金　　4. 生　　5. 子　　6. 学

7. 土　　8. 水　　9. 先

These kanji characters were made from very primitive pictures as follows. Remember that each kanji has its "KUN YOMI" (Japanese reading) and "ON YOMI" (Chinese reading).

Picture			Kanji	"KUN"	"ON"	Meaning
火	災	炎	火	ひ	カ	fire
水	氷	氷	水	みず	スイ	water
金	金	金	金	かね	キン	gold, money
土	土	土	土	つち	ド	ground, earth
子	子	子	子	こ	シ	child
女	女	女	女	おんな	ジョ	woman, female
学	学	学	学	(まな-ぶ)	ガク	study
生	生	生	生	い-きる う-まれる	セイ	live, birth
先	先	先	先	さき	セン	ahead, previous

Usually the "ON YOMI" (Chinese reading) of kanji will be written using Katakana in a kanji dictionary. Therefore, students are expected to learn Katakana as soon as possible after mastering Hiragana.

ユニット2 ･･････････ 第２課のきほん漢字（Basic Kanji）

2-1 漢字のかきかた（Writing Kanji）･･･････････････････････････････

＜きほんの画(かく)(Basic Strokes)＞

(1) horizontal line

e.g. いち　つち　くるま
一　土　車

(2) vertical line

e.g. かわ　つち　やま
川　土　山

(3) slanting line

e.g. ひと　き　かね
人　木　金

(4) short hook

e.g. つき　みず　こ
月　水　子

(5) long hook

e.g. さき　きゅう　こころ
先　九　心

(6) corner

e.g. くち　やま　おんな　わたし
口　山　女　私

(7) dot and various short lines

e.g. ひ　がく　かね　せい
火　学　金　生

漢字	いみ	くんよみ	オンヨミ	（かくすう）

11 火　fire　　ひ　　カ　（4）

､	､′	ﾉｿ	火								

火（ひ）fire　　　　　　　火山（か・ざん）volcano

火曜日（か・よう・び）Tuesday　　　火事（か・じ）fire (accident)

12 水　water　　みず　　スイ　（4）

）	刀	水	水								

水（みず）water　　　　　水田（すい・でん）rice field

水曜日（すい・よう・び）Wednesday　　　水車（すい・しゃ）waterwheel

13 金　gold money　　かね　　キン　（8）

ノ	入	合	今	仐	金	金	金				

お金（かね）money　　　　　金（きん）gold

金田（かね・だ）Japanese surname　　　金曜日（きん・よう・び）Friday

14 土　ground earth　　つち　　ド　（3）

一	十	土									

土（つち）the ground　　　　土木（ど・ぼく）civil engineering

土曜日（ど・よう・び）Saturday

漢字	いみ	くんよみ	オンヨミ	（かくすう）

15　子　child　　こ　　　　シ　　（3）

了　了　子

子(こ)ども child
女(おんな)の子(こ) girl

女子学生(じょ・し・がく・せい) female student

16　女　woman / female　　おんな　　ジョ　　（3）

く　女　女

女(おんな) woman
女(おんな)の人(ひと) woman (adult)

彼女(かの・じょ) she/her

17　学　study　　（まな-ぶ）　　ガク／ガッ-　　（8）

丶　丷　丷　丷　学　学　学　学

学生(がく・せい) student
大学(だい・がく) university

学校(がっ・こう) school

18　生　live / birth　　い-きる　う-まれる　　セイ　　（5）

ノ　ト　牛　生　生

生(い)きる to live
生(う)まれる to be born

先生(せん・せい) teacher
学生(がく・せい) student

漢字	いみ	くんよみ	オンヨミ	（かくすう）

19

先 ahead previous

さき　　　　　　　　　　　　　　　　　　　　　　　　　　セン　　　　　　　　　（6）

ノ　ヒ　ヒ　生　告　先

先（さき）ahead
先生（せん・せい）teacher

先月（せん・げつ）last month

20

私 private I/me

わたし
わたくし　　　　　　　　　　　　　　　　　　　　　　　シ　　　　　　　　　　（7）

ノ　二　千　千　禾　私　私

私（わたし／わたくし）I/me
私立大学（し・りつ・だい・がく）private university

15

2-2 よみれんしゅう（Reading Exrcises）

I．Write the readings of the following kanji in Hiragana.

1. 私　　2. 子　　3. 女　　4. 火　　5. 水　　6. 金

7. 土　　8. 月曜日　　9. 火曜日　　10. 水曜日
　　　　　　よう　　　　　　よう　　　　　　　よう

11. 木曜日　　12. 金曜日　　13. 土曜日
　　　よう　　　　　　よう　　　　　　よう

14. 日曜日　　15. 学生　　16. 先生
　　　よう

II．Read the following sentences.

1. これは山川さんのお金です。

2. すみません。水をください。

3. あの女の人は学生です。

4. 私は先生ではありません。

5. 金田さんは大学の先生です。
　　　　　　　　だい

6. あの女子学生は 21 です。 That female student over there is 21 years old.

7. 私の生年月日は 1960 年 3 月 11 日です。 My date of birth is March
　　　　ねん　　　　　　　　ねん　　　　　　　　　　　　　　　　　　　　11th, 1960.

2-3 かきれんしゅう（Writing Exercises）

Ⅰ. Fill in the blanks with the appropriate kanji.

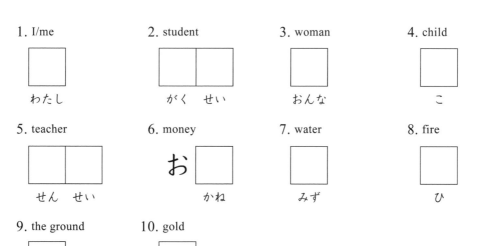

1. I/me

わたし

2. student

がく　せい

3. woman

おんな

4. child

こ

5. teacher

せん　せい

6. money

お

かね

7. water

みず

8. fire

ひ

9. the ground

つち

10. gold

きん

Ⅱ. Write the appropriate kanji based on the meaning of the word.

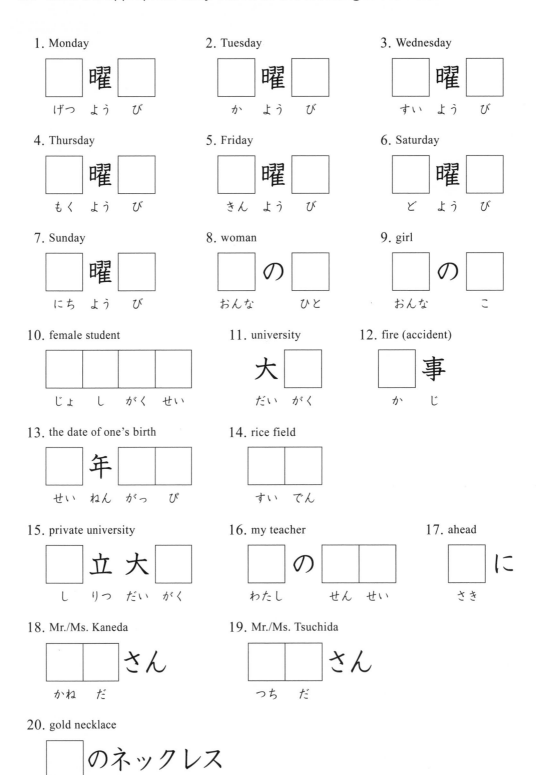

1. Monday
□曜□
げつ　よう　び

2. Tuesday
□曜□
か　よう　び

3. Wednesday
□曜□
すい　よう　び

4. Thursday
□曜□
もく　よう　び

5. Friday
□曜□
きん　よう　び

6. Saturday
□曜□
ど　よう　び

7. Sunday
□曜□
にち　よう　び

8. woman
□の□
おんな　ひと

9. girl
□の□
おんな　こ

10. female student
□□□□
じょ　し　がく　せい

11. university
大□
だい　がく

12. fire (accident)
□事
か　じ

13. the date of one's birth
□年□□
せい　ねん　がっ　ぴ

14. rice field
□□
すい　でん

15. private university
□立大□
し　りつ　だい　がく

16. my teacher
□の□□
わたし　せん　せい

17. ahead
□に
さき

18. Mr./Ms. Kaneda
□□さん
かね　だ

19. Mr./Ms. Tsuchida
□□さん
つち　だ

20. gold necklace
□のネックレス
きん

しっていますか できますか

(Do you know these kanji? Can you use them?)

＜カレンダー (Calendar) ＞

日	月	火	水	木	金	土
1	2	3	4	5	6	7
8	9	10	11	12	13	14
15	16	17	18	19	20	21
22	23	24	25	26	27	28

[Questions]

1. 2月12日は何曜日ですか。　_____
　　　　　　　なんようび

2. 2月15日は何曜日ですか。　_____

3. 2月17日は何曜日ですか。　_____

4. 2月21日は何曜日ですか。　_____

5. 2月23日は何曜日ですか。　_____

第3課
だい か

ユニット1 ⋯⋯⋯⋯⋯⋯⋯⋯ 漢字のはなし （Kanji Topics）

数字をあらわす漢字 （Numbers）
すうじ

Abstract ideas like numbers are indicated with the fingers and other signs. Look at the following signs. "-つ" is the Hiragana ending.

Sign	→		Kanji	"KUN"	"ON"	Meaning
→ 二 → 一 →			一	ひと-つ	イチ	one
→ 二 → 二 →			二	ふた-つ	ニ	two
→ 三 → 三 →			三	みっ-つ	サン	three
2+2 → → 四 →			四	よっ-つ	シ	four
3+2 → → 丑 →			五	いつ-つ	ゴ	five
3+3 → → 六 →			六	むっ-つ	ロク	six
5+2 → → 七 →			七	なな-つ	シチ	seven
4+4 → → 八 →			八	やっ-つ	ハチ	eight
→ → 九 →			九	ここの-つ	キュウ ク	nine
5+5 → → 十 →			十	とお	ジュウ	ten

20

ユニット 2　············· 第３課のきほん漢字（Basic Kanji）

2-1　漢字のかきかた（Writing Kanji）·····························

漢字	いみ	くんよみ	オンヨミ	（かくすう）

21

| 一 | one | ひと-つ
ひと | イ チ | （1） |

一（ひと）つ　one (thing)　　　一月（いち・がつ）January

一人（ひとり）one (person)　　一年（いち・ねん）one year

22

| 二 | two | ふた-つ
ふた | ニ | （2） |

二（ふた）つ　two (things)　　　二月（に・がつ）February

二人（ふたり）two (people)　　二年（に・ねん）two years

23

| 三 | three | みっ-つ | サン | （3） |

三（みっ）つ　three (things)　　　三月（さん・がつ）March

三日（みっ・か）the 3rd day, three days　　三年（さん・ねん）three years

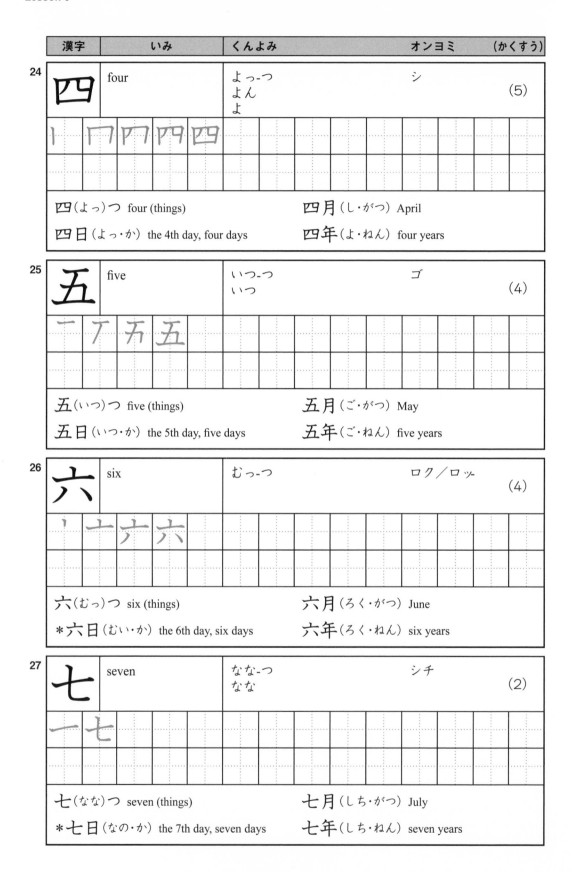

漢字		いみ		くんよみ			オンヨミ	（かくすう）

24

四　four

よっ-つ
よん
よ

シ

（5）

一　冂　冂　四　四

四（よっ）つ　four (things)　　　四月（し・がつ）April

四日（よっ・か）the 4th day, four days　　　四年（よ・ねん）four years

25

五　five

いつ-つ
いつ

ゴ

（4）

一　丅　五　五

五（いつ）つ　five (things)　　　五月（ご・がつ）May

五日（いつ・か）the 5th day, five days　　　五年（ご・ねん）five years

26

六　six

むっ-つ

ロク／ロッ-

（4）

゛　亠　六　六

六（むっ）つ　six (things)　　　六月（ろく・がつ）June

*六日（むい・か）the 6th day, six days　　　六年（ろく・ねん）six years

27

七　seven

なな-つ
なな

シチ

（2）

一　七

七（なな）つ　seven (things)　　　七月（しち・がつ）July

*七日（なの・か）the 7th day, seven days　　　七年（しち・ねん）seven years

漢字	いみ	くんよみ	オンヨミ	（かくすう）

28 八

eight

やっ-つ

ハチ／ハッ-

(2)

ノ 八

八（やっ）つ eight (things)　　八月（はち・がつ）August
＊八日（よう・か）the 8th day, eight days　　八年（はち・ねん）eight years

29 九

nine

ここの-つ
ここの

ク
キュウ

(2)

ノ 九

九（ここの）つ nine (things)　　九月（く・がつ）September
九日（ここの・か）the 9th day, nine days　　九百（きゅう・ひゃく）900

30 十

ten

とお

ジュウ／ジュッ-
ジッ-

(2)

一 十

十（とお）ten (things)　　十月（じゅう・がつ）October
十日（とお・か）the 10th day, ten days　　十年（じゅう・ねん）10 years

31 百

hundred

ヒャク／-ビャク
／-ピャク

(6)

一 丆 丆 百 百 百

二百（に・ひゃく）200　　六百（ろっ・ぴゃく）600
三百（さん・びゃく）300　　八百（はっ・ぴゃく）800

漢字	いみ	くんよみ	オンヨミ	（かくすう）

32 千　thousand　ち　セン／-ゼン　（3）

ノ 二 千

千葉（ち・ば）Chiba Prefecture　　　　三千（さん・ぜん）3,000

千円（せん・えん）one thousand yen

33 万　ten thousand / all, every　　マン　（3）

一 万 万

一万円（いち・まん・えん）ten thousand yen

百万人（ひゃく・まん・にん）one million people

34 円　circle / yen　　エン　（4）

｜ 冂 冂 円

円（えん）circle, yen　　　　百円（ひゃく・えん）100 yen

五千円（ご・せん・えん）5,000 yen

35 年　year / age　とし　ネン　（6）

ノ 仁 仁 午 年 年

年（とし）year, age　　　　去年（きょ・ねん）last year

年上（とし・うえ）older　　　来年（らい・ねん）next year

24

2-2 よみれんしゅう （Reading Exercises）

Write the readings of the following kanji in Hiragana. (Read vertically from the right.)

I.

1. 百円
2. 六千九百円
3. 六百円
4. 一万七千円
5. 四か月
6. 八年
7. 山田先生の年は四十九です。
8. この車は四十五万円です。
9. あの山は二千メートルです。
10. 一年は三百六十五日です。

II.

1. 三月三日
2. 六月二十四日
3. 一九八五年
4. 〇三ー三四六九ー八二五一
5. きょうは九月九日の水よう日です。
6. 五月五日は子どもの日です。
7. このくにの人口は六千万人ぐらいです。
8. 二月七日は金よう日ではありません。

II.

1. the 3rd of March　　2. the 24th of June

3. the year 1985　　4. 03-3469-8251

5. Today is Wednesday, the 9th of September.

6. The 5th of May is Children's Day.

7. The population of this country is about 60,000,000 people.

8. The 7th of February is not a Friday.

I.

1. ¥100　　2. ¥6,900　　3. ¥600

4. ¥17,000　5. 4 months　6. 8 years

7. Professor Yamada's age is 49.

8. This car costs ¥450,000.

9. That mountain is 2,000 meters high.

10. One year has 365 days.

2-3 かきれんしゅう（Writing Exercises）

Fill in the blanks with the appropriate kanji.

Ⅱ.   Ⅰ.

Ⅰ.

1. いち
2. に
3. さん
4. し
5. ご
6. ろく
7. しち
8. はち
9. く

10. じゅう
11. ひゃく
12. せん
13. いち まん えん
14. せん きゅう ひゃく ねん

Ⅱ.

1. に じゅう えん
2. さん びゃく えん
3. ろく せん えん
4. はち まん えん
5. ご ひゃく に じゅう えん
6. はっ ぴゃく ご じゅう えん
7. よん まん なな せん えん

8. じゅう ねん
9. ひゃく ねん
10. ひとり
11. ふたり
12. さん にん
13. よ にん
14. いっ か げつ

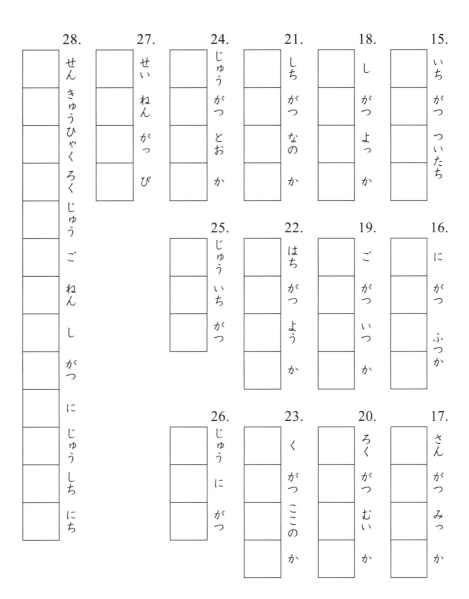

28. せんきゅうひゃくろくじゅうごねんしがつにじゅうしちにち

27. せいねんがっぴ

24. じゅうがつとおか

21. しちがつなのか

18. しがつよっか

15. いちがつついたち

25. じゅういちがつ

22. はちがつようか

19. ごがついつか

16. にがつふつか

26. じゅうにがつ

23. くがつここのか

20. ろくがつむいか

17. さんがつみっか

1. ¥20

2. ¥300

3. ¥6,000

4. ¥80,000

5. ¥520

6. ¥850

7. ¥47,000

8. 10 years

9. 100 years

10. one person

11. two people

12. three people

13. four people

14. one month

15. the 1st of January

16. the 2nd of February

17. the 3rd of March

18. the 4th of April

19. the 5th of May

20. the 6th of June

21. the 7th of July

22. the 8th of August

23. the 9th of September

24. the 10th of Octber

25. November

26. December

27. Date of birth

28. April 27th 1965

しっていますか できますか
(Do you know these kanji? Can you use them?)

＜値段とメニュー (Prices and menus) ＞
ね だん

Ⅰ. 八百屋 (At the Greengrocer's)
や お や

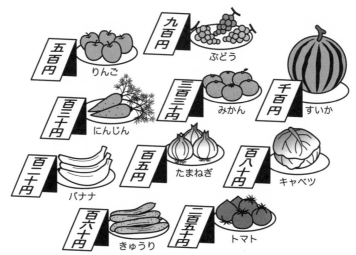

1. りんごは、一ついくらですか。　＿＿＿＿＿＿＿＿＿＿＿＿＿＿＿＿
   apple

2. みかんは、一ついくらですか。　＿＿＿＿＿＿＿＿＿＿＿＿＿＿＿＿
   mandarin orange

3. ぶどうは、一皿いくらですか。　＿＿＿＿＿＿＿＿＿＿＿＿＿＿＿＿
   grapes　　　ひとさら one plate

4. すいかは、一ついくらですか。　＿＿＿＿＿＿＿＿＿＿＿＿＿＿＿＿
   watermelon

5. バナナは、一本いくらですか。　＿＿＿＿＿＿＿＿＿＿＿＿＿＿＿＿
   banana　　いっぽん

6. きゅうりは、一本いくらですか。　＿＿＿＿＿＿＿＿＿＿＿＿＿＿＿＿
   cucumber

7. トマトは、一ついくらですか。　＿＿＿＿＿＿＿＿＿＿＿＿＿＿＿＿
   tomato

8. にんじんは、一本いくらですか。　＿＿＿＿＿＿＿＿＿＿＿＿＿＿＿＿
   carrot

9. たまねぎは、一ついくらですか。　＿＿＿＿＿＿＿＿＿＿＿＿＿＿＿＿
   onion

10. キャベツは、一ついくらですか。　＿＿＿＿＿＿＿＿＿＿＿＿＿＿＿＿
    cabbage

II. そば屋 (In a Japanese Noodle Shop)

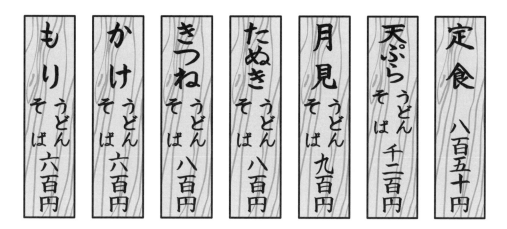

もりそば	thin buckwheat noodles served on a bamboo tray
うどん	thin white noodles served on a bamboo tray
かけ〜	noodles in hot soup
きつね〜	noodles with fried bean curd, served in hot soup （きつね means "a fox" and it is believed that fried bean curd is the favorite food of the fox.）
たぬき〜	noodles with bits of deep-fried tempura batter, served in hot soup （たぬき means "a badger."）
月見〜 つきみ	noodles with an egg, served in hot soup（月見 means "moon-viewing."）
天ぷら〜 てん	noodles with fried vegetables and prawns, served in hot soup
定食 ていしょく	the daily special, usually served with a bowl of rice, soy-bean soup and some pickled vegetables

第4課
だい　か

ユニット1 ⋯⋯⋯⋯⋯⋯⋯⋯ 漢字のはなし（Kanji Topics）

記号からできた漢字（Kanji from Symbols）
き ごう

Abstract ideas which are impossible to illustrate are indicated with the help of points and lines. Look at the following.

Symbol	→			Kanji	"KUN"	"ON"	Meaning
	→ 上	→ 上	→	上	うえ	ジョウ	above, up
	→ 下	→ 下	→	下	した	カ ゲ	under, down
	→ 中	→ 中	→	中	なか	チュウ ジュウ	middle, inside
	→ 大	→ 大	→	大	おお-きい	ダイ タイ	large
	→ 小	→ 小	→	小	ちい-さい	ショウ	small
	→ 本	→ 本	→	本	もと	ホン	basis, book
	→ 半	→ 半	→	半	（なか-ば）	ハン	half
	→ 分	→ 分	→	分	わ-ける	フン ブン	division
	→ 力	→ 力	→	力	ちから	リョク リキ	power

30

ユニット 2 ·················· 第4課のきほん漢字（Basic Kanji）

2-1 漢字のかきかた（Writing Kanji） ·····································

漢字		いみ	くんよみ		オンヨミ	（かくすう）

36

上

above, on
up

うえ　あ-がる　のぼ-る　　ジョウ
あ-げる

(3)

｜　ト　上

上（うえ）above, on
上（あ）がる to go up, to rise

上（のぼ）り inbound (train)
上手（じょうず）な skillful, good at

37

下

under
down

した　さ-がる　くだ-る　　カ
　　　さ-げる　　　　　ゲ

(3)

一　丁　下

下（した）under
下（さ）がる to go down, to fall

地下（ち・か）underground
下車（げ・しゃ）する to get off (vehicle)

38

中

middle
inside

なか　　　　　　　　チュウ
　　　　　　　　　-ジュウ

(4)

｜　口　口　中

中（なか）inside
中学（ちゅう・がく）＝中学校（ちゅう・がっ・こう）junior high school

一日中（いち・にち・じゅう）all day long

漢字	いみ	くんよみ	オンヨミ	（かくすう）

39 大 — large, great — おお-きい — ダイ / タイ （3）

一 ナ 大

大（おお）きい＝大きな large   大学（だい・がく）university

＊大人（おとな）adult   大切（たい・せつ）な important

40 小 — small — ちい-さい / こ / お — ショウ （3）

丿 小 小

小（ちい）さい＝小さな small   小川（お・がわ）brook, stream

＊小人（こども）child   小学校（しょう・がっ・こう）elementary school

41 本 — basis, book, this — もと — ホン （5）

一 十 才 木 本

山本（やま・もと）Japanese surname   本日（ほん・じつ）this day

本（ほん）book   本店（ほん・てん）the main store (of a chain)

42 半 — half — （なか-ば）— ハン （5）

丶 ソ ソ 半 半

半年（はん・とし）half a year   半分（はん・ぶん）half

半日（はん・にち）half a day   三時半（さん・じ・はん）3:30

漢字	いみ	くんよみ	オンヨミ	（かくすう）

43 分

division, part
minute

わ-かれる　わ-かる
わ-ける

ブン
フン／-プン　　　（4）

ノ　ハ　分　分

分（わ）ける to divide

分（わ）かる to understand

五分（ご・ふん）five minutes

六分（ろっ・ぷん）six minutes

44 力

power
ability

ちから

リョク
リキ　　　（2）

フ　カ

力（ちから）power

力学（りき・がく）dynamics

水力（すい・りょく）water power

火力（か・りょく）heat power

45 何

what
how (many)

なに
なん

（7）

ノ　イ　仁　什　佰　佰　何

何（なに）what

何（なん）ですか What is it?

何人（なん・にん）how many people

何年（なん・ねん）what year, how many years

33

2-2 よみれんしゅう（Reading Exercises）

Ⅰ．Write the readings of the following kanji in Hiragana.

1. 本　　2. 何　　3. 力　　4. 上　　5. 下　　6. 中

7. 日本　　8. 大きい　　9. 小さい　　10. 分かる

11. 分ける　　12. 半分　　13. 大学　　14. 中学

15. 七分　　16. 何年

Ⅱ．Read the following words and sentences.

1. これは何の本ですか。——日本語の本です。

2. 山田さんの専門は力学ではありません。

3. つくえの上にお金があります。　There is some money on the desk.

4. 車の中に小さいかばんがあります。　There is a small bag in the car.

5. 大きいケーキを半分に分けました。　We divided a big cake in two.

6. きょうは何月何日ですか。

7. いま何時何分ですか。——九時五十分です。

8. 上りと下りの電車　　9. 上がる　　10. 下がる

2-3 かきれんしゅう（Writing Exercises） ．．．．．．．．．．．．．．．．．．．．．．．．．．．．．．．

Ⅰ．Fill in the blanks with the appropriate kanji.

1.

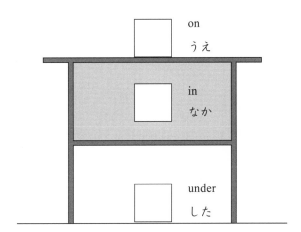

on
うえ

in
なか

under
した

2.

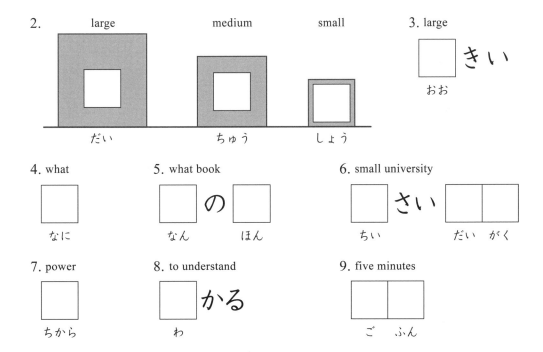

large

medium

small

だい   ちゅう   しょう

3. large

きい
おお

4. what

なに

5. what book

の
なん   ほん

6. small university

さい
ちい   だい　がく

7. power

ちから

8. to understand

かる
わ

9. five minutes

ご　ふん

10. to divide in half

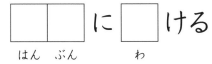

に   ける
はん　ぶん   わ

II. Write the appropriate kanji based on the meaning of the word.

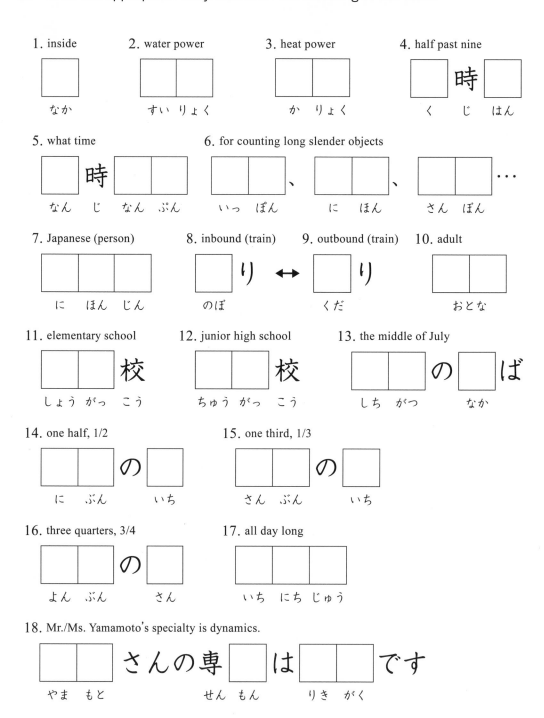

1. inside

□
なか

2. water power

□ □
すい りょく

3. heat power

□ □
か りょく

4. half past nine

□ 時 □
く じ はん

5. what time

□ 時 □ □
なん じ なん ぷん

6. for counting long slender objects

□ □ 、 □ □ 、 □ □ ···
いっ ぽん　　に ほん　　さん ぼん

7. Japanese (person)

□ □ □
に ほん じん

8. inbound (train)

□ り ↔
のぼ

9. outbound (train)

□ り
くだ

10. adult

□ □
おとな

11. elementary school

□ □ 校
しょう がっ こう

12. junior high school

□ □ 校
ちゅう がっ こう

13. the middle of July

□ □ の □ ば
しち がつ　　なか

14. one half, 1/2

□ □ の □
に ぶん　　いち

15. one third, 1/3

□ □ の □
さん ぶん　　いち

16. three quarters, 3/4

□ □ の □
よん ぶん　　さん

17. all day long

□ □ □
いち にち じゅう

18. Mr./Ms. Yamamoto's specialty is dynamics.

□ □ さんの専 □ は □ □ です
やま もと　　　　せん もん　　りき がく

36

しっていますか できますか
(Do you know these kanji? Can you use them?)

< 駅でみる漢字 (At a Train Station) >
えき

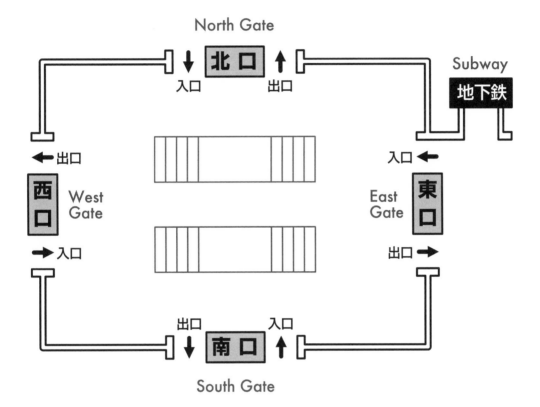

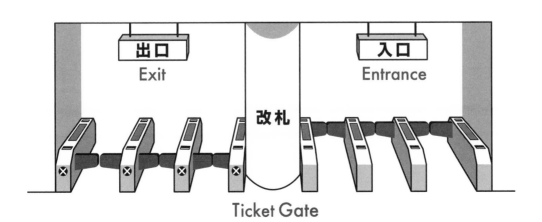

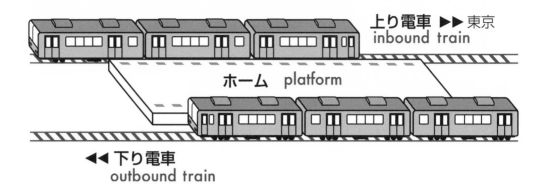

上り電車 ▶▶ 東京
inbound train

ホーム platform

◀◀ 下り電車
outbound train

[Questions] What do the following kanji mean?

1. 改札
   かいさつ　　　_____

2. 出口
   で ぐち　　　_____

3. 入口
   いりぐち　　　_____

4. 上り
   のぼ　　　_____

5. 下り
   くだ　　　_____

6. 東口
   ひがしぐち　　　_____

7. 西口
   にしぐち　　　_____

8. 北口
   きたぐち　　　_____

9. 南口
   みなみぐち　　　_____

10. 地下鉄
    ち か てつ　　　_____

第5課
<ruby>だい<rt></rt></ruby> <ruby>か<rt></rt></ruby>

ユニット1 ⋯⋯⋯⋯⋯⋯⋯⋯⋯ 漢字のはなし（Kanji Topics）

組み合わせからできた漢字（Combining Meanings）⋯⋯⋯⋯⋯⋯
<ruby>く<rt></rt></ruby> <ruby>あ<rt></rt></ruby>

What does the kanji「日」mean? It means "the sun." What does the kanji「月」mean? It means "the moon." Then, what do you think the kanji「明」means? It means "bright!"

Some kanji are made by combining rather simple characters. Now, guess the meanings of the following kanji.

1. 休　　2. 林　　3. 森　　4. 好　　5. 体　　6. 男

7. 間　　8. 東

Look at the following examples and see how each character was combined and made into a new meaning.

Combination	→	Kanji	"KUN"	"ON"	Meaning
日 ＋ 月	→	明	あか－るい	メイ	bright
sun　　moon		both the sun and the moon are 'bright'			
人 ＋ 木	→	休	やす－む	キュウ	rest
person　　tree		a person is 'resting' beside a tree			
人 ＋ 本	→	体	からだ	タイ	body
person　　origin		the origin of person is 'the body'			

Combination	→	Kanji	"KUN"	"ON"	Meaning
女 ＋ 子	→	好	す-き	コウ	like
woman child		a woman 'loves' a child			
田 ＋ 力	→	男	おとこ	ダン　ナン	man, male
rice field power		'a man' is powerful in the rice field			
木 ＋ 木	→	林	はやし	リン	wood, grove
tree tree		two trees make 'a wood'			
木 ＋ 木 ＋ 木	→	森	もり	シン	forest
tree tree tree		three trees make 'a forest'			
門 ＋ 日	→	間	あいだ	カン	between
gate sun		the sun can be seen 'between' the doors			
火 ＋ 田	→	畑	はたけ		cultivated field
fire field		burn up the field and make 'a cultivated field'			
山 ＋ 石	→	岩	いわ	ガン	rock
mountain stone		a big stone in the mountain is 'a rock'			

☆ Most kanji were adopted from China, however, there are some kanji that originated in Japan. For example, 畑(はたけ), 働(はたら)く (to work), 峠(とうげ) (mountain pass) are of Japanese origin. Therefore, they do not have "ON YOMI" (Chinese Reading). Many kanji used to express the names of fish and plant are of Japanese origin.

e.g. 鱈(たら) (cod)   鰯(いわし) (sardine)

ユニット2 ・・・・・・・・・・・・・・・・・・ 第5課のきほん漢字（Basic Kanji）

2-1 漢字のかきかた（Writing Kanji）・・・・・・・・・・・・・・・・・・・・・・・・・・・・・・・・

漢字	いみ	くんよみ	オンヨミ	（かくすう）

46 明　bright clear

くんよみ：あか-るい　あ-ける　オンヨミ：メイ　（8）

筆順：｜　冂　冃　日　旫　明　明　明

明（あか）るい　bright, cheerful

明（あ）ける　to break (to dawn)

＊明日（あした／あす／みょう・にち）tomorrow

説明（せつ・めい）する　to explain

47 休　rest

くんよみ：やす-む　オンヨミ：キュウ　（6）

筆順：ノ　イ　仁　什　休　休

休（やす）む　to rest, to be absent

休（やす）み　break, holiday

休日（きゅう・じつ）holiday

48 体　body

くんよみ：からだ　オンヨミ：タイ　（7）

筆順：ノ　イ　仁　什　休　休　体

体（からだ）body

体力（たい・りょく）physical strength

体育（たい・いく）physical education

漢字		いみ	くんよみ	オンヨミ	（かくすう）

49 好 like / favorable　す-きな　す-く　コウ　（6）

く　夕　女　好　好　好

好(す)きな favorite　　　好(す)かれる to be liked

好物(こう・ぶつ) one's favorite food

50 男 man / male　おとこ　ダン　ナン　（7）

丨　冂　冊　用　甼　田　男

男(おとこ) man　　　男子学生(だん・し・がく・せい) male student

男(おとこ)の子(こ) boy　　　長男(ちょう・なん) the eldest son

51 林 wood / grove　はやし　リン　（8）

一　十　才　木　朾　村　材　林

林(はやし) wood, Japanese surname　　　林業(りん・ぎょう) forestry

小林(こ・ばやし) Japanese surname

52 森 forest　もり　シン　（12）

一　十　才　木　朩　朩　朩　森　朿　朿　森

森(もり) forest, Japanese surname　　　森林(しん・りん) woods and forests

森田(もり・た) Japanese surname

漢字	いみ	くんよみ	オンヨミ	(かくすう)

53 間

between
interval

あいだ
ま

カン

(12)

｜ 「 冂 冃 冃 門 門 門 門 門 間 間

間（あいだ）between

間（ま）に合（あ）う to be on time

一年間（いち・ねん・かん）one year

時間（じ・かん）time

54 畑

cultivated field

はたけ
はた

(9)

一 ㇒ 少 火 灯 炉 畑 畑 畑

畑（はたけ）cultivated field

花畑（はな・ばたけ）flower garden

田畑（た・はた）field of rice and crops

55 岩

rock

いわ

ガン

(8)

｜ 山 山 屵 岸 岩 岩

岩（いわ）rock

岩田（いわ・た）Japanese surname

岩石（がん・せき）rocks and stones

火山岩（か・ざん・がん）volcanic rock

2-2 よみれんしゅう (Reading Exercises)

Ⅰ. Write the readings of the following kanji in Hiragana.

1. 林　2. 森　3. 体　4. 男　5. 岩　6. 畑

7. 間　8. 明るい　9. 好きな　10. 休む　11. 男女

12. 時間
　　じ

Ⅱ. Read the following words and sentences.

1. 私は体育が好きです。 I like physical education.
　　　　いく

2. 男子学生と女子学生 male students and female students

3. 男の人と女の人 men and women

4. 森と森の間に川があります。 There is a river between the forests.

5. 明るい森の中で休みました。 We took a rest in a bright forest.

6. あの小さい山まで一時間ぐらいかかります。
　　　　　　　　　　　じ
　　　　　　　　　　　　　　　　It takes about one hour to reach that small mountain.

7. 岩田さんは明るい人です。 Mr./Ms. Iwata is a cheerful person.

8. 山の上に畑があります。 There are cultivated fields on the top of the mountain.

2-3 かきれんしゅう（Writing Exercises）· ·

Ⅰ. Fill in the blanks with the appropriate kanji.

1. tree × 2 = wood

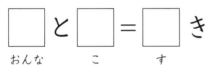

き　　　　　　はやし

2. tree × 3 = forest

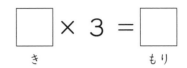

き　　　　　　もり

3. woman + child = like

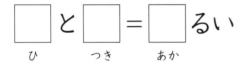

おんな　　こ　　　す

4. rice field + power = man

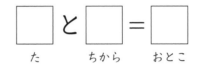

た　　ちから　　おとこ

5. sun + moon = bright

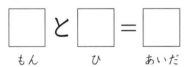

ひ　　つき　　あか

6. person + tree = to rest

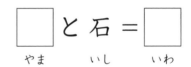

ひと　　き　　やす

7. gate + sun = between

もん　　ひ　　あいだ

8. mountain + stone = rock

やま　　いし　　いわ

9. fire + field = cultivated field

ひ　　た　　はたけ

10. man and woman

おとこ　　おんな　　だん　じょ

11. boy

おとこ　　こ　　だん　し

12. body's power = physical strength

からだ　　ちから　　たい　りょく

Ⅱ. Write the appropriate kanji based on the meaning of the word.

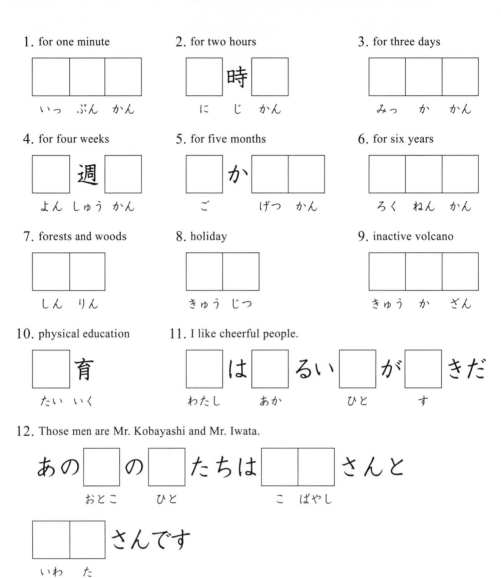

1. for one minute

　　　　いっ　ぷん　かん

2. for two hours

　　　時　　　　に　じ　かん

3. for three days

　　　　みっ　か　かん

4. for four weeks

　　　週　　　　よん　しゅう　かん

5. for five months

　　　か　　　　ご　　げつ　かん

6. for six years

　　　　ろく　ねん　かん

7. forests and woods

　　　　しん　りん

8. holiday

　　　　きゅう　じつ

9. inactive volcano

　　　　きゅう　か　ざん

10. physical education

　　　育　　　たい　いく

11. I like cheerful people.

　　　は　　　るい　　　が　　　きだ

　わたし　　あか　　　ひと　　　す

12. Those men are Mr. Kobayashi and Mr. Iwata.

あの　　　の　　　たちは　　　　さんと

　　おとこ　　ひと　　　　こ　ばやし

　　　さんです

いわ　た

 **ふくしゅう**

Review Lesson 1-5

日	月	火	水	木	金	土	山	川	田
林	森	畑	岩	人	女	男	子	学	生
先	私	口	体	一	二	三	四	五	六
七	八	九	十	百	千	万	半	年	分
円	何	上	中	下	間	車	門	本	力
明	大	小	好	休					

(55字)

I. Make four sentences using the kanji above.

1. _____ 3. _____

2. _____ 4. _____

II. Fill in the blanks with the appropriate kanji.

Sun.	Mon.	Tue.	Wed.	Thu.	Fri.	Sat.
☐	☐	☐	☐	☐	☐	☐
一日	二日	三日	☐日	☐日	☐日	☐日
☐日	☐日	十日	☐日	☐日	☐日	☐日
☐日	☐日	☐日	☐日	☐日	☐日	☐日
☐日	二十三日	☐日	☐日	☐日	☐日	☐日

47

Ⅲ. Read the following story.

＜プラニーさんのはなし＞

　私は日本大学の学生です。専門は体育です。十月九日にタイからきました。月曜日から金曜日まで日本語のクラスでべんきょうします。私は日本語が好きです。

　先週の土曜日に私たちは田中先生と山へいきました。いろいろな学生がいっしょにいきました。男子学生と女子学生が三人ずつでした。私は岩田さんの車でいきました。岩田さんは日本人の男子学生です。一時間ぐらいあるいて大きい森へいきました。そして、小さい川のちかくで休みました。その川の水はとてもきれいでした。

*　専門 specialty
　体育 P.E. (physical education)
　曜日 day of the week 　　　　 ～語 ~ language
　～が好きです I like ~ 　　　　 先週 last week
　私たち we 　　　　　　　　　　 いろいろな various
　～ずつ ~ for each 　　　　　　 一時間 for one hour
　～のちかくで near ~

［しつもん Questions］

1. プラニーさんは日本人ですか。　＿＿＿＿＿＿＿＿＿＿＿＿＿＿＿＿＿

2. プラニーさんの大学はどこですか。　＿＿＿＿＿＿＿＿＿＿＿＿＿＿＿

3. プラニーさんは何月何日に日本へきましたか。　＿＿＿＿＿＿＿＿＿＿

4. プラニーさんは月曜日から金曜日まで何をしますか。　＿＿＿＿＿＿＿

5. プラニーさんたちはいつ山へいきましたか。　＿＿＿＿＿＿＿＿＿＿＿

6. ぜんぶで何人いきましたか。　＿＿＿＿＿＿＿＿＿＿＿＿＿＿＿＿＿＿
　　all together

7. プラニーさんたちは川のちかくで何をしましたか。　＿＿＿＿＿＿＿＿

第6課
だい か

ユニット1 ‥‥‥‥‥‥‥‥‥ 漢字のはなし （Kanji Topics）

絵からできた漢字 -3- （Kanji from Pictures -3-） ‥‥‥‥‥‥‥‥‥‥‥‥‥‥‥
え

Look at the following picture. Each drawing indicates a certain meaning.

Guess the meanings of the kanji characters below.

1. 石　　2. 竹　　3. 米　　4. 糸　　5. 貝　　6. 手

7. 足　　8. 雨　　9. 耳　　10. 目

These kanji characters developed from very primitive pictures as following.

Picture	→			Kanji	"KUN"	"ON"	Meaning
👁 →	🔲 →	🔲 →		目	め	モク	eye
🔲 →	🔲 →	🔲 →		耳	みみ	ジ	ear
🖐 →	🔲 →	🔲 →		手	て	シュ	hand
🚶 →	🔲 →	🔲 →		足	あし	ソク	leg
☔ →	🔲 →	雨 →		雨	あめ	ウ	rain
🎋 →	🔲 →	竹 →		竹	たけ	(チク)	bamboo
🌾 →	🔲 →	米 →		米	こめ	マイ ベイ	rice
🐚 →	🔲 →	貝 →		貝	かい		shellfish
🪨 →	🔲 →	石 →		石	いし	セキ	stone
🧵 →	🔲 →	糸 →		糸	いと	(シ)	thread

ユニット2 ·················· 第6課のきほん漢字（Basic Kanji）

2-1　漢字のかきかた（Writing Kanji）

漢字	いみ	くんよみ	オンヨミ	（かくすう）

56 目　eye / item　め　モク　(5)

｜ 冂 冃 冃 目

目上（め・うえ）one's superiors　　目（め）eye
目下（め・した）one's subordinates　　目次（もく・じ）table of contents

57 耳　ear　みみ　ジ　(6)

一 丆 丆 圧 耳 耳

耳（みみ）ear
耳鼻科（じ・び・か）otolaryngology

58 手　hand / person　て　シュ　(4)

一 二 三 手

手（て）hand　　　　歌手（か・しゅ）singer
手紙（て・がみ）letter　　＊上手（じょうず）な skillful, good at

漢字	いみ	くんよみ	オンヨミ	（かくすう）

59 足

leg, pair
suffice

あし　た-りる
た-す

ソク

（7）

｜　口　口　呈　呈　足　足

足（た）りる　to be sufficient　　　　足（あし）　leg, foot

足（た）す　to add　　　　二足（に・そく）　two pairs

60 雨

rain

あめ

ウ

（8）

一　一　一　币　币　雨　雨　雨

雨（あめ）　rain　　　　雨天（う・てん）　rainy weather

大雨（おお・あめ）　heavy rain

61 竹

bamboo

たけ

（チク）

（6）

ノ　ト　ケ　ケ　竹　竹

竹（たけ）　bamboo　　　　竹（たけ）の子（こ）　bamboo shoot

竹田（たけ・だ）　Japanese surname

62 米

rice
America

こめ

マイ
ベイ

（6）

｀　　丷　半　米　米

米（こめ）　rice　　　　米国（べい・こく）　the U.S.A.

新米（しん・まい）　new rice, novice　　　　中米（ちゅう・べい）　Central America

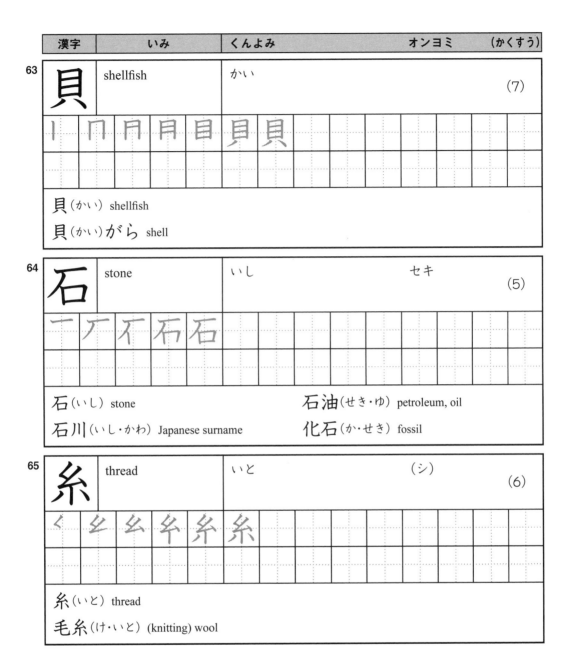

漢字	いみ	くんよみ	オンヨミ	（かくすう）
63 貝	shellfish	かい		(7)

丨 冂 冃 目 目 貝 貝

貝（かい）shellfish

貝（かい）がら shell

| **64** 石 | stone | いし | セキ | (5) |

一 ナ 石 石 石

石（いし）stone　　　　　　石油（せき・ゆ）petroleum, oil

石川（いし・かわ）Japanese surname　　化石（か・せき）fossil

| **65** 糸 | thread | いと | （シ） | (6) |

く 幺 幺 糸 糸 糸

糸（いと）thread

毛糸（け・いと）(knitting) wool

2-2 よみれんしゅう (Reading Exercises)

I . Write the readings of the following kanji in Hiragana.

1. 雨　　2. 石　　3. 目　　4. 足　　5. 糸

6. 耳　　7. 手　　8. 竹　　9. 貝　　10. 米

11. 人は目でみます。そして、耳できます。

12. 日本人は米をたべます。

II . Read the following sentences.

1. 私はきのう切手をかいました。
きっ

2. コスタリカは中米にあります。 Costa Rica is in Central America.

3. 日本はサウジアラビアから石油をかいます。 Japan buys oil from Saudi
ゆ　　　　　　　　　　　　　　　　　　Arabia.

4. 雨の日はへやで手紙をかきます。 On rainy day, I write letters in my room.
がみ

5. 私はまだ日本語があまり上手ではありません。 I am still not very good
ご　　　　　　　　　　　　　　　　　　　　　　at Japanese.

6. くつを1足とくつ下を4足かいました。 I bought a pair of shoes and 4
pairs of socks.

2-3 かきれんしゅう（Writing Exercises）・・

Ⅰ．Fill in the blanks with the appropriate kanji.

1．hands and legs

て　あし

2．rainy day

の

あめ　ひ

3．shell

がら

かい

4．rice

こめ

5．one's superiors and subordinates

の　と　の

め　うえ　ひと　め　した　ひと

6．bamboo shoot

の

たけ　こ

7．Mr./Ms. Ishikawa

さん

いし　かわ

8．Mr./Ms. Itoyama

さん

いと　やま

Ⅱ. Write the appropriate kanji based on the meaning of the word.

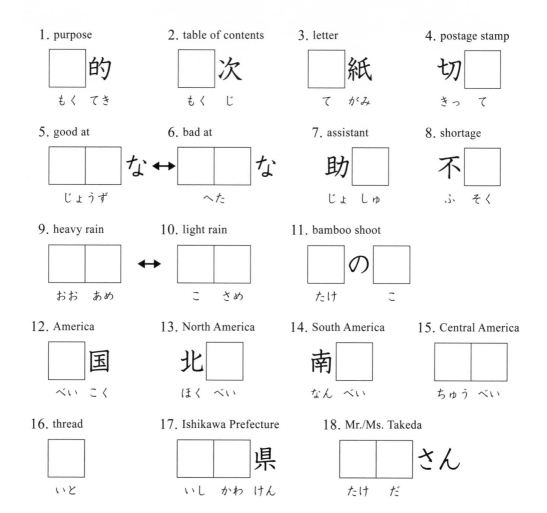

1. purpose

□ 的

もく　てき

2. table of contents

□ 次

もく　じ

3. letter

□ 紙

て　がみ

4. postage stamp

切 □

きっ　て

5. good at

□ □ な

じょうず

↔

6. bad at

□ □ な

へた

7. assistant

助 □

じょ　しゅ

8. shortage

不 □

ふ　そく

9. heavy rain

□ □

おお　あめ

↔

10. light rain

□ □

こ　さめ

11. bamboo shoot

□ の □

たけ　　こ

12. America

□ 国

べい　こく

13. North America

北 □

ほく　べい

14. South America

南 □

なん　べい

15. Central America

□ □

ちゅう　べい

16. thread

□

いと

17. Ishikawa Prefecture

□ □ 県

いし　かわ　けん

18. Mr./Ms. Takeda

□ □ さん

たけ　だ

(Do you know these kanji? Can you use them?)

<人の名前 (Names) >
なまえ

The following kanji are commonly used in Japanese family names.

田　山　川　木　本　中　上　下
大　小　金　石　竹　林　森
村（village）　　野（field）
むら　　　　　　　の

Study the following Japanese surnames.

1. 田中 たなか	11. 中川 なかがわ	21. 森 もり
2. 山田 やまだ	12. 中野 なかの	22. 森本 もりもと
3. 山本 やまもと	13. 川上 かわかみ	23. 金田 かねだ
4. 山下 やました	14. 上野 うえの	24. 金子 かねこ
5. 木下 きのした	15. 上田 うえだ	25. 石川 いしかわ
6. 木村 きむら	16. 林 はやし	26. 大石 おおいし
7. 村田 むらた	17. 小林 こばやし	27. 大竹 おおたけ
8. 村上 むらかみ	18. 小山 こやま	28. 竹田 たけだ
9. 中村 なかむら	19. 小川 おがわ	29. 竹中 たけなか
10. 中山 なかやま	20. 小野 おの	30. 竹下 たけした

Notice the phonetic changes as in the following.

川 (かわ) ＋ 田 (た) → 川田 (かわだ)

中 (なか) ＋ 川 (かわ) → 中川 (なかがわ)

◆ Other common family names:

ex. 鈴木 (すずき)　　　　高橋 (たかはし)　　　　加藤 (かとう)

佐藤 (さとう)　　　　井上 (いのうえ)　　　　伊藤 (いとう)

渡辺 (わたなべ)　　　　佐々木 (ささき)

☆名刺 (めいし) (Business card)

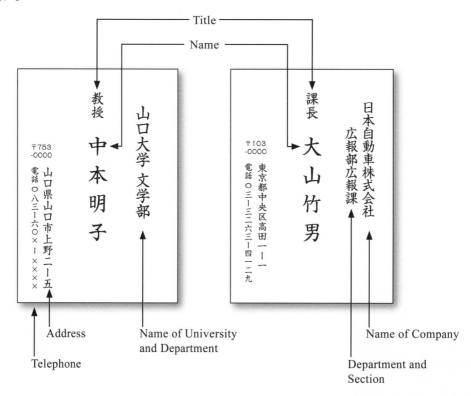

Title
Name

教授　中本明子　　山口大学 文学部
〒753-0000　山口県山口市上野二一五　電話〇八三一六〇×一一××××

課長　大山竹男　　日本自動車株式会社　広報部広報課
〒103-0000　東京都中央区高田一一一　電話〇三一三二六三一四一二九

Address
Name of University and Department
Telephone

Name of Company
Department and Section

58

第７課
だい　か

ユニット１ ・・・・・・・・・・・・・・・・・・・・・・ 漢字のはなし（Kanji Topics）

絵からできた漢字 -4-（Kanji from Pictures -4-）
え

Look at the following picture.

Now guess the meaning of the kanji characters below.

1. 魚　　2. 鳥　　3. 馬　　4. 牛　　5. 物　　6. 肉

7. 花　　8. 茶　　9. 字　　10. 文

ユニット2 ⋯⋯⋯⋯⋯⋯ 第7課のきほん漢字（Basic Kanji）

2-1 漢字のかきかた（Writing Kanji）⋯⋯⋯⋯⋯⋯⋯⋯⋯⋯⋯⋯⋯

漢字	いみ	くんよみ	オンヨミ	（かくすう）

66 花　flower　　はな　　カ　　（7）

一 十 艹 艹 艹 花 花

花（はな）flower 　　　　　花（か）びん（flower) vase

花火（はな・び）fireworks

67 茶　tea　　　チャ・サ　　（9）

一 十 艹 艹 大 芩 苓 苓 茶

お茶（ちゃ）tea 　　　　　紅茶（こう・ちゃ）(black) tea

日本茶（に・ほん・ちゃ）Japanese (green) tea 　　喫茶店（きっ・さ・てん）coffee shop

68 肉　flesh, meat　　ニク　　（6）

丨 冂 内 内 肉 肉

肉（にく）meat 　　　　　牛肉（ぎゅう・にく）beef

鳥肉（とり・にく）chicken 　　肉体（にく・たい）the body, the flesh

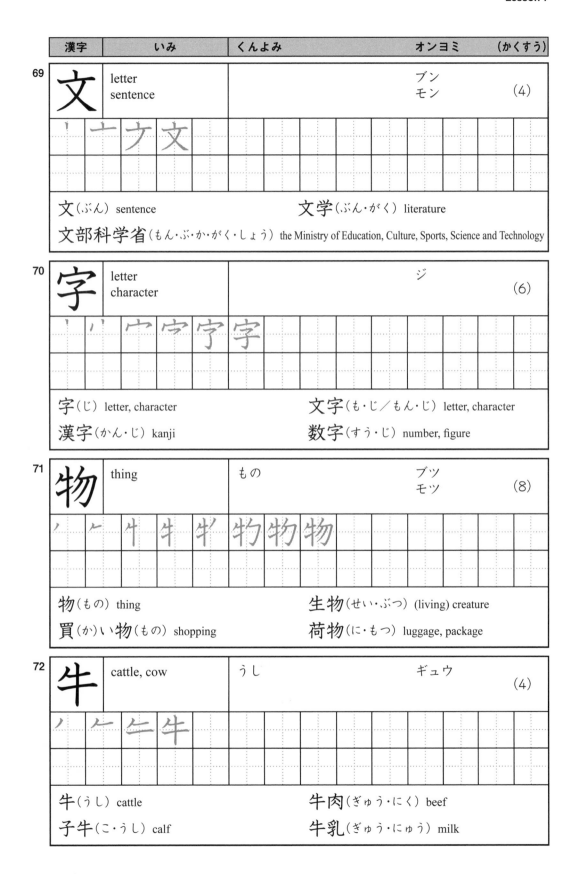

漢字	いみ	くんよみ	オンヨミ	（かくすう）

69 文

letter
sentence

ブン
モン

(4)

文（ぶん） sentence 文学（ぶん・がく） literature

文部科学省（もん・ぶ・か・がく・しょう） the Ministry of Education, Culture, Sports, Science and Technology

70 字

letter
character

ジ

(6)

字（じ） letter, character 文字（も・じ／もん・じ） letter, character

漢字（かん・じ） kanji 数字（すう・じ） number, figure

71 物

thing

もの

ブツ
モツ

(8)

物（もの） thing 生物（せい・ぶつ） (living) creature

買（か）い物（もの） shopping 荷物（に・もつ） luggage, package

72 牛

cattle, cow

うし

ギュウ

(4)

牛（うし） cattle 牛肉（ぎゅう・にく） beef

子牛（こ・うし） calf 牛乳（ぎゅう・にゅう） milk

漢字	いみ	くんよみ	オンヨミ	（かくすう）

73 馬　horse　うま　バ　（10）

一 厂 厂 斤 芽 馬 馬 馬 馬 馬

馬（うま）horse　　　　　馬力（ば・りき）horsepower

馬車（ば・しゃ）(horse-drawn) carriage　　馬肉（ば・にく）horsemeat

74 鳥　bird　とり　チョウ　（11）

ノ 亻 冂 户 户 自 鸟 鸟 鳥 鳥 鳥

鳥（とり）bird　　　　　白鳥（はく・ちょう）swan

焼（や）き鳥（とり）grilled chicken　　野鳥（や・ちょう）wild bird

75 魚　fish　さかな　ギョ　（11）

ノ ク ク 占 占 角 角 魚 魚 魚 魚

魚（さかな）fish　　　　　焼（や）き魚（ざかな）grilled fish

魚屋（さかな・や）fish shop　　金魚（きん・ぎょ）goldfish

62

2-2 よみれんしゅう（Reading Exercises）

Ⅰ. Write the readings of the following kanji in Hiragana.

1. 肉   2. 魚   3. 花   4. 茶   5. 馬

6. 牛   7. 鳥   8. 文字   9. 生物   10. 牛肉

11. 日本茶   12. 文

Ⅱ. Read the following words and sentences.

1. 馬車   2. 焼き魚   3. 読み物   4. 買い物

5. 花びんに花をいれます。 I put some flowers in a vase.

6. 肉屋で鳥(=鶏)肉をかいました。 I bought some chicken at the butcher.

7. 大学で漢字をならいます。 I study kanji at the university.

8. 私は日本茶が好きです。 I like Japanese tea.

9. 森の中に小鳥がいます。 There are small birds in the forest.

10. 日本人は魚や米が好きです。 Japanese people like fish and rice.

2-3 かきれんしゅう（Writing Exercises） ∙∙∙∙∙∙∙∙∙∙∙∙∙∙∙∙∙∙∙∙∙∙∙∙∙∙∙∙∙∙∙∙∙∙∙∙∙∙

Ⅰ. Fill in the blanks with the appropriate kanji.

1. beef

ぎゅう にく

2. small bird

こ　とり

3. (horse-drawn) carriage

ば　しゃ

4. letter, character

も　じ

5. literature

ぶん　がく

6. biology

せい　ぶつ　がく

7. Japanese (green) tea

に　ほん　ちゃ

8. goldfish

きん　ぎょ

9. cherry blossoms

さくらの

はな

10. sentence

ぶん

Ⅱ. Write the appropriate kanji based on the meaning of the word.

1. flower shop

は な　　や

2. fish shop

さ か な　　や

3. butcher

に く　　や

4. beef

ぎゅう に く

5. pork

ぶ た に く

6. chicken

と り　に く

7. horsemeat

ば　　に く

8. fish (meat) sausage
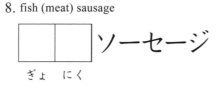
ぎょ　に く

9. grilled meat
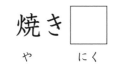
や　　　　に く

10. grilled fish

や　　　ざ か な

11. grilled chicken

や　　　と り

12. milk

ぎゅう にゅう

13. the body

に く　　た い

14. the real thing

ほ ん　　も の

15. kanji

か ん　じ

16. horsepower

ば　り き

17. pony

こ　う ま

18. fireworks

は な　　び

19. (flower) vase

か

しっていますか できますか

(Do you know these kanji? Can you use them?)

<漢字の動物園 (At the Zoo) >
どうぶつえん

The following kanji are the names of the animals pictured below. Match the kanji with the pictures.

a 牛　b 魚　c 鳥　d 馬　e 羊
うし　　さかな　　とり　　うま　　ひつじ
（　）　（　）　（　）　（　）　（　）

f 猿　g 猫　h 犬　i 豚　j 象
さる　　ねこ　　いぬ　　ぶた　　ぞう
（　）　（　）　（　）　（　）　（　）

66

第8課
だい　　か

ユニット1 .... 漢字のはなし（Kanji Topics）

形容詞の漢字 -1-（Adjectives -1-）
けいようし

Look at the following adjectives. Japanese "-i" ending adjectives can be divided into three groups according to the types of the Hiragana endings.

1. Kanji + い ： 古い　　長い　　短い　　高い　　安い
　　　　　　　　　ふる　　なが　　みじか　　たか　　やす

　　　　　　　　　低い　　暗い　　多い　　重い　　軽い
　　　　　　　　　ひく　　くら　　おお　　おも　　かる

　　　　　　　　　近い　　遠い　　悪い　　早い　　etc.
　　　　　　　　　ちか　　とお　　わる　　はや

2. Kanji + しい ： 新しい　　楽しい　　正しい　　美しい
　　　　　　　　　あたら　　たの　　　ただ　　　うつく

　　　　　　　　　忙しい　　難しい　　etc.
　　　　　　　　　いそが　　むずか

3. Kanji + others ： 大きい　　小さい　　明るい　　少ない　　etc.
　　　　　　　　　おお　　　ちい　　　あか　　　すく

The Hiragana endings change as follows.

Present Affirmative ：	古い（old）	新しい（new）	大きい（large）
Present Negative ：	古くない	新しくない	大きくない
Past Affirmative ：	古かった	新しかった	大きかった
Past Negative ：	古くなかった	新しくなかった	大きくなかった

Hiragana endings are used with nouns, verbs or other adjectives as follows:

Adjective + Noun ：古い本 新しい車 大きい字
old book new car large character

古くない本 新しくない車 大きくない字

古かった本 新しかった車 大きかった字

古くなかった本 新しくなかった車 大きくなかった字

Adjective + Verb ：古くなります 新しくかいます 大きくかきます
（= adverbial form) become old to buy new to write in a large character

Adjective ：古くて安い 新しくてきれいな 大きくて明るい
+ Adjective old and cheap new and pretty large and bright

[れんしゅう]　Add the appropriate Hiragana endings to the following kanji.

1. 高＿＿＿ 2. 安＿＿＿ 3. 長＿＿＿ 4. 短＿＿＿

5. 新＿＿＿ 6. 古＿＿＿ 7. 明＿＿＿ 8. 暗＿＿＿

9. 多＿＿＿ 10. 少＿＿＿ 11. 低＿＿＿ 12. 大＿＿＿

13. 小＿＿＿

ユニット2 ・・・・・・・・・・・・・・・ 第8課のきほん漢字（Basic Kanji）

2-1 漢字のかきかた（Writing Kanji）・・・・・・・・・・・・・・・・・・・・・・・・・・・・・・・・・

漢字	いみ	くんよみ	オンヨミ	（かくすう）

76 新　new　あたら-しい　シン　(13)

`` 亠 立 立 辛 辛 亲 亲 新 新 新 ``

新（あたら）しい　new　　　新聞（しん・ぶん）newspaper
新車（しん・しゃ）new car　　新年（しん・ねん）new year

77 古　old　ふる-い　コ　(5)

一 十 寸 古 古

古（ふる）い　old　　　中古車（ちゅう・こ・しゃ）second-hand car
古本（ふる・ほん）used book

78 長　long eldest, chief　なが-い　チョウ　(8)

丨 厂 厂 E E 長 長 長

長（なが）い　long　　　長男（ちょう・なん）eldest son
学長（がく・ちょう）(university) president

漢字		いみ	くんよみ		オンヨミ	（かくすう）

79 短　short　みじか-い　タン　（12）

ノ　ト　ヒ　た　矢　矢　矢　知　知　知　短　短

短（みじか）い　short

短時間（たん・じ・かん）　short time

短大（たん・だい）　(junior) college

80 高　high expensive　たか-い　コウ　（10）

亠　亠　广　古　古　古　高　高　高　高

高（たか）い　high, expensive

高橋（たか・はし）　Japanese surname

高校（こう・こう）　senior high school

高速（こう・そく）　high speed

81 安　peaceful cheap　やす-い　アン　（6）

丶　丷　宀　宀　安　安

安（やす）い　cheap

安売（やす・う）り　discount sale

安心（あん・しん）する　to be relieved

安全（あん・ぜん）な　safe

82 低　low　ひく-い　テイ　（7）

ノ　イ　イ　伂　低　低

低（ひく）い　low

低温（てい・おん）　low temperature

低下（てい・か）する　to fall

漢字		いみ		くんよみ		オンヨミ		（かくすう）

83 暗 dark　くら-い　　アン　　(13)

| 丨 | 冂 | 日 | 日` | 旷 | 旷 | 旷 | 晬 | 晬 | 晬 | 暗 | 暗 |

暗（くら）い dark

暗室（あん・しつ）darkroom

84 多 many much　おお-い　　タ　　(6)

| 丶 | 夕 | 夕 | 夕 | 多 | 多 |

多（おお）い many, much　　　　多少（た・しょう）some

多数（た・すう）large number

85 少 few little　すく-ない　すこ-し　ショウ　　(4)

| 丨 | 小 | 小 | 少 |

少（すく）ない few, little　　　　少年（しょう・ねん）boy

少（すこ）し a little, a few　　　　少女（しょう・じょ）girl

2-2 よみれんしゅう (Reading Exercises) ·····································

Ⅰ. Write the readings of the following kanji in Hiragana.

1. 高い　　2. 古い　　3. 安い　　4. 長い　　5. 多い

6. 暗い　　7. 低い　　8. 短い　　9. 新しい　　10. 少ない

11. 明るい　　12. 新車と中古車　　13. 学長

Ⅱ. Read the following words and sentences.

1. 休みの日が少ない。

2. 森の中は暗いです。 It is dark in the forest.

3. あの人はこの短大の学長です。 That person is the president of this junior college.

4. その少年は手と足が長い。 That boy has long arms and legs.

5. 水は高いところから低いところへながれる。

   Water will flow from a higher place to a lower place.

6. 小学校と中学校と高校と大学 elementary school, junior high school, senior high school and university

2-3 かきれんしゅう （**Writing Exercises**） ·····················

I ． Fill in the blanks with the appropriate kanji.

1. new year

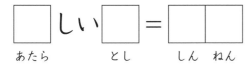

　　あたら　　　とし　　　しん　ねん

2. old car

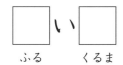

　　ふる　　　くるま

3. second-hand car

　　ちゅう　こ　しゃ

4. (university) president

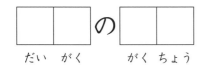

　だい　がく　　　がく　ちょう

5. long

　　なが

6. short

　　みじか

7. a lot of people

　ひと　　おお

8. a few people

　ひと　　すく

9. dark forest

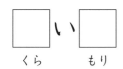

　くら　　もり

10. expensive meat

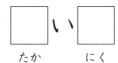

　たか　　にく

11. cheap fish

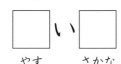

　やす　　さかな

12. to fall

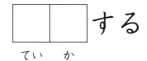

　てい　か

Ⅱ．Fill in the blanks with appropriate kanji.

1. boy

しょう ねん

2. girl

しょう じょ

3. (I) have some money.

お □ が □ しある

かね　すこ

4. high mountain

こう ざん

5. cheap thing

やす もの

6. used book

ふる ほん

7. short thread

□ い □

みじか　いと

8. for a long time

□ い □

なが　あいだ

9. the first tea of the season

しん ちゃ

10. ancient writings

こ ぶん

11. long sentence

ちょう ぶん

12. short sentence

たん ぶん

13. eldest son

ちょう なん

14. eldest daughter

ちょう じょ

15. safe

□ 全 な

あん ぜん

16. junior college

たん だい

17. senior high school

□ 校

こう こう

しっていますか できますか
(Do you know these kanji? Can you use them?)

＜漢字ゲーム１：形容詞 (Kanji Game 1: Adjectives) ＞
けいようし

How to play (A)："かるた"

One person reads the kanji cards aloud. The others look for the matching picture cards scattered on the table. When a player finds the appropriate cards, he/she can keep them. The one who collects the most cards is the winner.

How to play (B)："しんけいすいじゃく" (Concentration)

Put all the cards face down on the table. Each person turns over two cards at a time in turn. If the two cards match, keep the pair. The one who collects the most cards is the winner.

ユニット1 ‥‥‥‥‥‥‥‥‥‥ **漢字のはなし（Kanji Topics）**

動詞の漢字 -1- （Verbs -1-） ‥‥‥‥‥‥‥‥‥‥‥‥‥‥‥‥‥‥‥‥
どうし

Each kanji has its own meaning. It can function as a noun, adjective, verb, etc. in sentences. What do you think is the function of the following kanji?

私　　新　　本　　買

「私」and「本」are nouns.「新」functions as an adjective and「買」(to buy) as a verb. However, kanji can not be used alone as adjectives or verbs. Hiragana endings always follow and they are called "OKURIGANA (inflectional endings)".

新 → 新しい　　　　　　　new

買 → 買う／買います　　to buy

Using the above four kanji, let's make some sentences.

私は新しい本を買いました。　　I bought a new book.

私の本は新しくないです。　　My book is not new.

私に本を買ってください。　　Please buy me a book.

Japanese verb can be divided into 3 groups according to their conjugation.

1st Group: the verb stem ends with a consonant

行く	[ik-u]	行きます	[ik-imasu]	to go
聞く	[kik-u]	聞きます	[kik-imasu]	to hear
書く	[kak-u]	書きます	[kak-imasu]	to write
話す	[hanas-u]	話します	[hanash-imasu]	to speak
読む	[yom-u]	読みます	[yom-imasu]	to read
休む	[yasum-u]	休みます	[yasum-imasu]	to rest
帰る	[kaer-u]	帰ります	[kaer-imasu]	to go back
買う	[ka(w)-u]	買います	[ka(w) -imasu]	to buy

2nd Group: the verb stem ends with a vowel

食べる	[tabe-ru]	食べます	[tabe-masu]	to eat
教える	[oshie-ru]	教えます	[oshie-masu]	to teach
見る	[mi-ru]	見ます	[mi-masu]	to see

3rd Group: irregular verb

来る	[ku-ru]	来ます	[ki-masu]	to come
する	[su-ru]	します	[shi-masu]	to do

［れんしゅう］ Classify the following kanji into nouns, adjectives and verbs.

花	長	買	大	茶	古	明	読
私	休	雨	書	行	高	日	魚
安	山	来	飲	本	字	車	聞

名詞（Nouns）：＿＿＿＿＿＿＿＿＿＿＿＿＿＿＿＿＿＿＿＿＿＿＿＿
めいし

形容詞（Adjectives）：＿＿＿＿＿＿＿＿＿＿＿＿＿＿＿＿＿＿＿＿＿
けいようし

動詞（Verbs）：＿＿＿＿＿＿＿＿＿＿＿＿＿＿＿＿＿＿＿＿＿＿＿＿
どうし

ユニット２　・・・・・・・・・・・・・・・・第９課のきほん漢字（Basic Kanji）

2-1　漢字のかきかた（Writing Kanji）・・・

漢字		いみ	くんよみ	オンヨミ	（かくすう）
86	行	go act line	い‐く おこな‐う	コウ ギョウ	（6）

ノ　彳　彳　行　行　行

行（い）く　to go　　　　　　　旅行（りょ・こう）する　to travel

行（おこな）う　to do　　　　　二行目（に・ぎょう・め）the 2nd line

87	来	come next	く‐る　こ‐ない き‐ます	ライ	（7）

一　ㇷ　㡀　立　平　来　来

来（く）る　to come　　　　　　来年（らい・ねん）next year

来月（らい・げつ）next month　　来日（らい・にち）する　to visit Japan

88	帰	return go (come) back	かえ‐る かえ‐す	キ	（10）

丨　丿　刂　刂ㇵ　刂ㇵ　刂ㇳ　帰　帰　帰　帰

帰（かえ）る　to go/come back　　　帰国（き・こく）する　to return to one's country

帰（かえ）す　to let someone go/come back

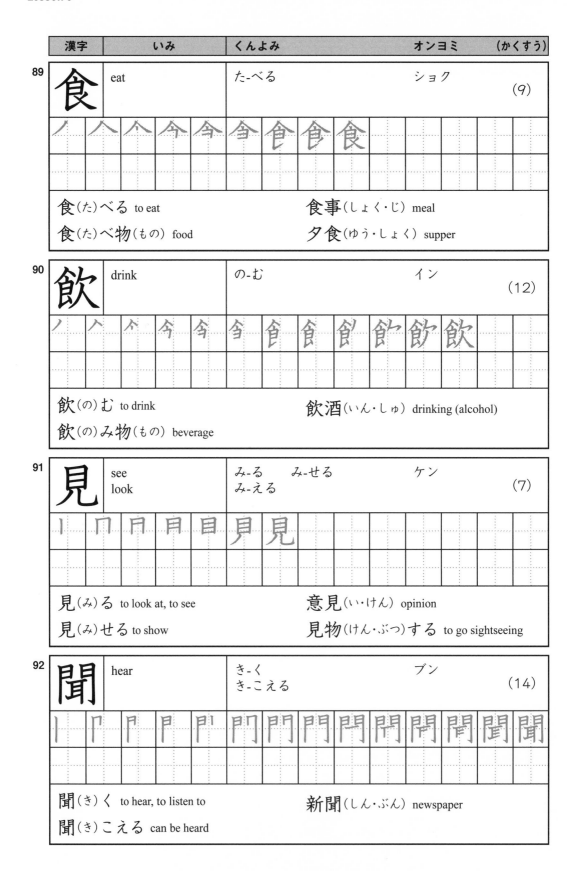

漢字	いみ		くんよみ		オンヨミ	（かくすう）

89 食　eat　　た-べる　　ショク　（9）

ノ 　人 　今 　今 　今 　今 　食 　食 　食

食（た）べる　to eat　　　　食事（しょく・じ）meal

食（た）べ物（もの）food　　　夕食（ゆう・しょく）supper

90 飲　drink　　の-む　　イン　（12）

ノ 　人 　今 　今 　今 　今 　食 　食 　食 　飲 　飲 　飲

飲（の）む　to drink　　　　飲酒（いん・しゅ）drinking (alcohol)

飲（の）み物（もの）beverage

91 見　see　look　　み-る　み-せる　み-える　　ケン　（7）

｜ 　冂 　冃 　月 　目 　貝 　見

見（み）る　to look at, to see　　意見（い・けん）opinion

見（み）せる　to show　　　　　見物（けん・ぶつ）する　to go sightseeing

92 聞　hear　　き-く　き-こえる　　ブン　（14）

｜ 　冂 　冃 　戶 　門 　門 　門 　門 　門 　門 　門 　聞 　聞 　聞

聞（き）く　to hear, to listen to　　新聞（しん・ぶん）newspaper

聞（き）こえる　can be heard

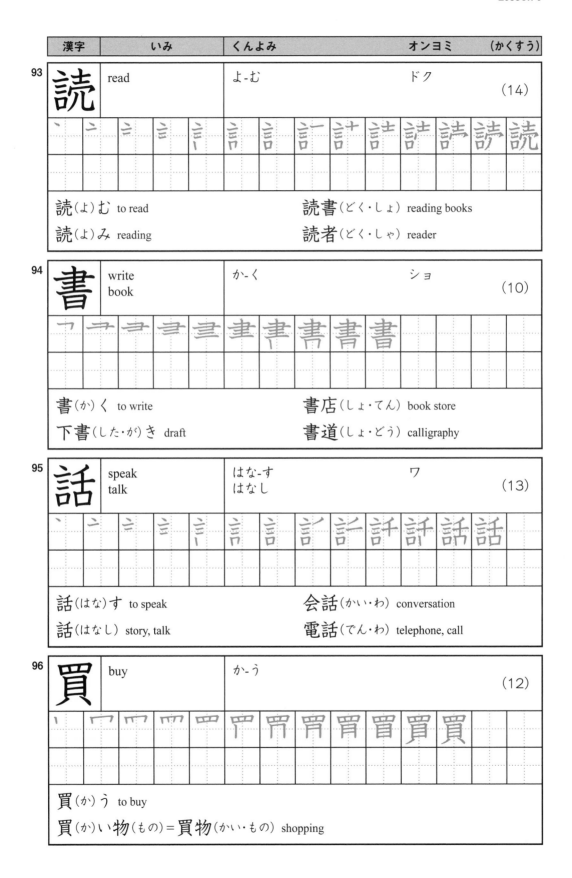

漢字		いみ		くんよみ			オンヨミ		（かくすう）

93 読　read　　　　よ-む　　　　　　　ドク　（14）

｀ 二 三 言 言 言 訂 訂 訪 読 読

読（よ）む to read　　　　読書（どく・しょ）reading books
読（よ）み reading　　　　読者（どく・しゃ）reader

94 書　write / book　　　か-く　　　　　　ショ　（10）

フ ⁊ ヨ ヨ ⼹ 聿 聿 書 書 書

書（か）く to write　　　　書店（しょ・てん）book store
下書（した・が）き draft　　書道（しょ・どう）calligraphy

95 話　speak / talk　　　はな-す / はなし　　ワ　（13）

｀ 二 三 言 言 言 訐 訐 訴 訴 話 話

話（はな）す to speak　　　会話（かい・わ）conversation
話（はなし）story, talk　　　電話（でん・わ）telephone, call

96 買　buy　　　　か-う　　　　　　　　　（12）

丶 罒 罒 罒 罒 罒 買 買 買 買 買 買

買（か）う to buy
買（か）い物（もの）＝買物（かい・もの）shopping

漢字		いみ	くんよみ		オンヨミ	（かくすう）

97 教　teach religion　おし-える　　　キョウ　　（11）

一　十　土　耂　耂　孝　孝　孝　孝　教　教

教（おし）える to teach　　　教育（きょう・いく）する to educate

教会（きょう・かい）church　　　教室（きょう・しつ）classroom

2-2　読みれんしゅう（Reading Eercises）

I．Write the readings of the following kanji in Hiragana.

1. 話す　　2. 聞く　　3. 書く　　4. 読む　　5. 見る

6. 行く　　7. 来る　　8. 帰る　　9. 買う　　10. 飲む

11. 食べる　　12. 教える

13. 車で大学へ行く　　　14. 来月、田中さんが来る

15. 肉を食べるか、魚を食べるか

16. デパートで買い物をする

II．Read the following sentences.

1. きのう古い新聞を読みました。

2. 山田さんと電話（でん）で話します。

3. 5時（じ）に、うちに帰ります。

4. この教室で日本語を教えます。

5. 大学の書店で安い本を買いました。

6. 私は読書と旅行が好きです。テレビはあまり見ません。

7. 日本の新しい大学を見学します。

8. 10行目の文を読んでください。

2-3 書きれんしゅう（Writing Exercises）

I . Fill in the blanks with the appropriate kanji.

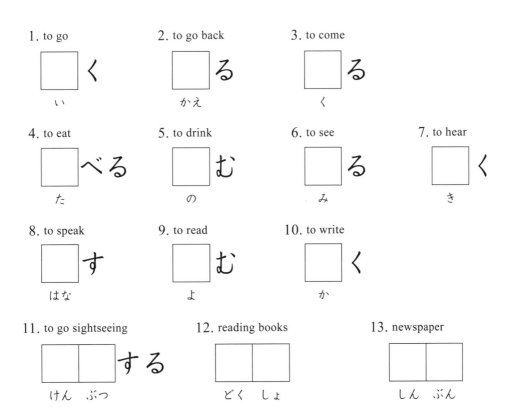

1. to go
□く
い

2. to go back
□る
かえ

3. to come
□る
く

4. to eat
□べる
た

5. to drink
□む
の

6. to see
□る
み

7. to hear
□く
き

8. to speak
□す
はな

9. to read
□む
よ

10. to write
□く
か

11. to go sightseeing
□□する
けん　ぶつ

12. reading books
□□
どく　しょ

13. newspaper
□□
しん　ぶん

Ⅱ. Write the appropriate kanji based on the meaning of the word.

1. food

　□ べ □
　た　　もの

2. beverage

　□ み □
　の　　もの

3. reading material

　□ み □
　よ　　もの

4. shopping

　□ い □
　か　　もの

5. travel

　旅 □
　りょ　こう

6. bank

　銀 □
　ぎん　こう

7. the 3rd line

　□ □ □
　さん ぎょう め

8. to return to one's country

　□ 国する
　き　こく

9. next week

　□ 週
　らい　しゅう

10. next month

　□ □
　らい　げつ

11. next year

　□ □
　らい　ねん

12. telephone

　電 □
　でん　わ

13. breakfast

　朝 □
　ちょうしょく

14. lunch

　昼 □
　ちゅうしょく

15. supper

　夕 □
　ゆうしょく

16. restaurant

　□ □ 店
　いん しょく てん

17. to visit for study

　□ □ する
　けん　がく

18. cherry blossom viewing

　□ □
　はな　み

19. education

　□ 育
　きょう いく

20. to buy flowers

　□ を □ う
　はな　　か

21. to drink Japanese tea

　□ □ □ を □ む
　に ほん ちゃ　の

しっていますか できますか
(Do you know these kanji? Can you use them?)

<漢字ゲーム２：動詞 (Kanji Game 2: Verbs) ＞

See p.75 to play (A)："かるた" and (B)："しんけいすいじゃく".

第 10 課
だい　か

ユニット 1 ······························· 漢字の話（Kanji Topics）

時をあらわす漢字（Telling Time）
とき

 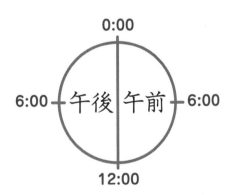

Meals:　朝ごはん　＝　朝食　　breakfast
　　　　あさ　　　　　ちょうしょく

　　　　昼ごはん　＝　昼食　　lunch
　　　　ひる　　　　　ちゅうしょく

　　　　夕ごはん　＝　夕食　　supper
　　　　ゆう　　　　　ゆうしょく

　　　　晩ごはん
　　　　ばん

　　　　　　　　　　夜食　　late-night snack
　　　　　　　　　　や　しょく

ユニット2 ⋯⋯⋯⋯⋯⋯ 第 10 課のきほん漢字（Basic Kanji）

2-1 漢字の書き方（Writing Kanji）⋯⋯⋯⋯⋯⋯⋯⋯⋯⋯⋯⋯⋯⋯⋯⋯⋯⋯⋯

漢字	いみ	くんよみ	オンヨミ	（かくすう）
98 朝	morning	あさ	チョウ	（12）

一 十 十 古 占 吉 直 卓 乾 朝 朝 朝

朝（あさ）morning

朝日（あさ・ひ）the morning sun

朝食（ちょう・しょく）breakfast

毎朝（まい・あさ）every morning

99 昼	noon daytime	ひる	チュウ	（9）

一 コ 尸 尺 尺 尽 昼 昼 昼

昼（ひる）noon, daytime

昼休（ひる・やす）み lunch break

昼寝（ひる・ね）nap

昼食（ちゅう・しょく）lunch

100 夜	night	よる よ	ヤ	（8）

' 亠 广 产 夜 夜 夜 夜

夜（よる）night

夜中（よ・なか）the middle of the night

夜食（や・しょく）late-night snack

今夜（こん・や）tonight

漢字		いみ	くんよみ	オンヨミ	（かくすう）

101 晚 night　バン　(12)

丨	冂	日	日	日'	日ㇷ	日ㇷ	昭	晚	晚	晚	晚		

晚 (ばん) night　　　　今晚 (こん・ばん) tonight

晚御飯 (ばん・ご・はん) supper　　　毎晚 (まい・ばん) every night

102 夕 evening　ゆう　(3)

ノ	ク	夕											

夕 (ゆう) べ evening　　　*七夕 (たなばた) Star Festival (July 7th)

夕食 (ゆう・しょく) supper

103 方 direction way, means　かた　ホウ　(4)

ﾉ	一	方	方										

書 (か) き方 (かた) how to write　　　方法 (ほう・ほう) method

夕方 (ゆう・がた) evening

104 午 noon　ゴ　(4)

ﾉ	匕	乍	午										

午前 (ご・ぜん) morning, a.m.　　　正午 (しょう・ご) noon

午後 (ご・ご) afternoon, p.m.

漢字	いみ	くんよみ	オンヨミ	（かくすう）

105 前 — before / front

くんよみ: まえ　　オンヨミ: ゼン　（9）

丶 丷 䒑 广 前 前 前 前 前

前（まえ）before, front　　前半（ぜん・はん）the first half
〜年前（ねん・まえ）〜 years ago　　前方（ぜん・ぽう）ahead

106 後 — after, later / back, behind

くんよみ: あと、うし-ろ　　オンヨミ: ゴ、コウ　（9）

ノ ク イ 彳 彳 仫 後 後 後

後（あと）after, later　　〜年後（ねん・ご）〜 years from now
後（うし）ろ behind, back　　後半（こう・はん）the latter half

107 毎 — every

オンヨミ: マイ　（6）

ノ 一 ケ 与 毎 毎

毎日（まい・にち）every day　　毎月（まい・げつ／まい・つき）every month
毎週（まい・しゅう）every week　　毎年（まい・ねん／まい・とし）every year

108 週 — week

オンヨミ: シュウ　（11）

丿 冂 月 冃 周 周 周 週 週 週

来週（らい・しゅう）next week　　週末（しゅう・まつ）weekend
先週（せん・しゅう）last week　　一週間（いっ・しゅう・かん）week

漢字	いみ	くんよみ	オンヨミ	(かくすう)

| 109 曜 | luminary day of the week | | ヨウ | (18) |

| 丨 | 冂 | 日 | 日 | 日ヿ | 日ヨ | 日ヨ | 日ヨヿ | 日ヨヨ | 日ヨヨ | 日ヨヨ | 睊 | 睊 | 睊 |

| 睊 | 睊 | 曜 | 曜 | | | | | | | | | | |

月曜日 (げつ・よう・び) Monday　　　　水曜日 (すい・よう・び) Wednesday

火曜日 (か・よう・び) Tuesday　　　　木曜日 (もく・よう・び) Thursday

2-2 読みれんしゅう (Reading Eercises)

Ⅰ. Write the readings of the following kanji in Hiragana.

1. 朝　　2. 昼　　3. 晩　　4. 夜　　5. 夕方

6. 午前　　7. 午後　　8. 月曜　　9. 火曜　　10. 水曜

11. 木曜　　12. 金曜　　13. 土曜　　14. 日曜　　15. 毎日

16. 前　　17. 後ろ

Ⅱ. Read the following words and sentences.

1. 先週、今週、来週、毎週　　　　2. 先月、今月、来月、毎月
　　　こん　　　　　　　　　　　　　　　　　こん

3. 去年、今年、来年、毎年
　きょ　　こ

4. 私は毎朝日本の新聞を読みます。

5. 夕食のあとで日本茶を飲みます。

6. この大学の昼休みは 55 分です。

7. 水曜日は朝から晩までいそがしいです。

8. 二週間前にこの本を買いました。

2-3 書きれんしゅう (Writing Exercises) ···

Ⅰ. Fill in the blanks with the appropriate kanji.

1. morning
あさ

2. daytime
ひる

3. night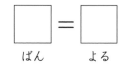
ばん　　よる

4. evening
ゆう　がた

5. every week
まい　しゅう

6. a.m.
ご　　ぜん

7. p.m.
ご　　ご

8. Sunday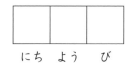
にち　よう　　び

Ⅱ. Write the appropriate kanji based on the meaning of the word.

1. breakfast
ちょうしょく

2. lunch
ちゅうしょく

3. supper
ゆう　しょく

4. late-night snack
や　しょく

5. the middle of the night
よ　　なか

6. last week
せん　しゅう

7. next week

□□
らい　しゅう

8. every week

□□
まい　しゅう

9. two weeks

□□□
に　しゅう　かん

10. every day

□□
まい　にち

11. every month

□□
まい　つき／げつ

12. every year

□□
まい　とし／ねん

13. every morning

□□
まい　あさ

14. every night

□□
まい　ばん

15. before

□
まえ

16. after

□
あと

17. behind

□ろ
うし

18. the first half

□□
ぜん　はん

19. the latter half

□□
こう　はん

20. how to read

□み□
よ　　かた

21. how to write

□き□
か　　かた

22. how to listen

□き□
き　　かた

23. how to speak

□し□
はな　かた

24. how to eat

□べ□
た　　かた

25. how to see, viewpoint

□□
み　かた

ふくしゅう

Review Lesson 6-10

名詞 (Nouns)
めいし

体：目　耳　手　足　　生物：牛　馬　鳥　魚　貝

時：朝　昼　晩　夜　　ほか：物　石　糸　肉　花

　　竹　米　茶　文　字　雨　方　前　後

形容詞 (Adjectives)
けいようし

新　古　長　短　暗　高　低　安　多　少

動詞 (Verbs)
どうし

行　来　帰　食　飲　買　見　話　聞　読

書　教

ほか (Others)

夕　午　毎　週　曜　　　　　　　　　　　(54字)

Ⅰ．Form sentences using the following kanji.

e.g. 時　行　何　→　___何時に大学へ行きますか。_____

1. 飲　茶　朝　→　_____

2. 肉　高　買　→　_____

3. 昼　食　魚　→　_____

4. 新　読　聞　→　_____

5. 帰　週　来　→　_____

Ⅱ．Fill in the blanks as in the following example.

e.g. 長＿い＿　（なが‐い）　→　＿あの人は足が長い。＿＿＿＿＿

　1. 大＿＿＿　（　　　　　）　→　＿＿＿＿＿＿＿＿＿＿＿＿

　2. 小＿＿＿　（　　　　　）　→　＿＿＿＿＿＿＿＿＿＿＿＿

　3. 新＿＿＿　（　　　　　）　→　＿＿＿＿＿＿＿＿＿＿＿＿

　4. 古＿＿＿　（　　　　　）　→　＿＿＿＿＿＿＿＿＿＿＿＿

　5. 明＿＿＿　（　　　　　）　→　＿＿＿＿＿＿＿＿＿＿＿＿

　6. 暗＿＿＿　（　　　　　）　→　＿＿＿＿＿＿＿＿＿＿＿＿

　7. 多＿＿＿　（　　　　　）　→　＿＿＿＿＿＿＿＿＿＿＿＿

　8. 少＿＿＿　（　　　　　）　→　＿＿＿＿＿＿＿＿＿＿＿＿

　9. 高＿＿＿　（　　　　　）　→　＿＿＿＿＿＿＿＿＿＿＿＿

10. 低＿＿＿　（　　　　　）　→　＿＿＿＿＿＿＿＿＿＿＿＿

11. 安＿＿＿　（　　　　　）　→　＿＿＿＿＿＿＿＿＿＿＿＿

12. 短＿＿＿　（　　　　　）　→　＿＿＿＿＿＿＿＿＿＿＿＿

Ⅲ．Write the "ON" readings of the following kanji and make a word.

e.g. 長　（ちょう）　→　＿学長＿

　1. 安　（　　　　）　→　＿＿＿＿＿　　5. 大　（　　　　）　→　＿＿＿＿＿

　2. 新　（　　　　）　→　＿＿＿＿＿　　6. 少　（　　　　）　→　＿＿＿＿＿

　3. 多　（　　　　）　→　＿＿＿＿＿　　7. 短　（　　　　）　→　＿＿＿＿＿

　4. 高　（　　　　）　→　＿＿＿＿＿　　8. 古　（　　　　）　→　＿＿＿＿＿

Ⅳ． Give an adjective with the opposite meaning.

e.g. 安 － 高

1. 新 －　　　　　　4. 大 －

2. 長 －　　　　　　5. 多 －

3. 明 －　　　　　　6. 低 －

Ⅴ． Fill in the blanks with appropriate Hiragana.

e.g. 休___みます （やす-みます ）

1. 買_____　（　　　　　）　　6. 帰_____　（　　　　　　）

2. 教_____　（　　　　　）　　7. 読_____　（　　　　　　）

3. 来_____　（　　　　　）　　8. 食_____　（　　　　　　）

4. 話_____　（　　　　　）　　9. 上_____　（　　　　　　）

5. 行_____　（　　　　　）　　10. 下_____　（　　　　　　）

Ⅵ． Complete the sentences using the following kanji as in the example.

学　生　上　下　見　聞　読　書　教
休　帰　行　来　飲　食　話　買

e.g. ビールを___飲みます___。

1. テレビを_____。　　5. 文字を_____。

2. 新聞を_____。　　6. 大学で_____。

3. 日本語を_____。　　7. 大学を_____。

4. 大学へ_____。　　8. 魚を_____。

＜クロス漢字パズル (Cross-Kanji Puzzle)＞

Read the following clues and fill in the blanks with appropriate kanji to form words.

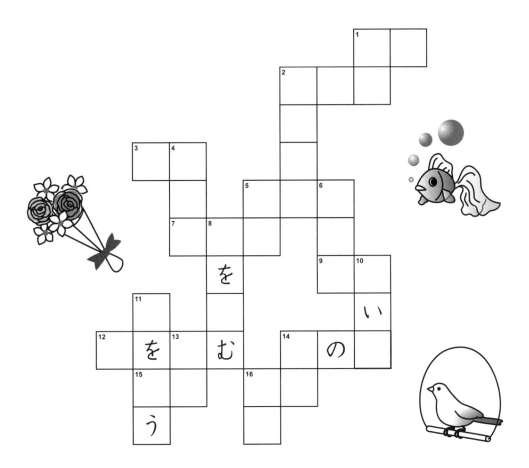

ヨコ (Across) のカギ (clues)

1. newspaper
2. used car
3. next month
5. university student
7. Japanese (person)
9. the president of a university
12. to drink water
14. gold thread
15. shopping
16. small fish

タテ (Down) のカギ

1. new car
2. Central American literature
4. Monday
5. adult
6. biology
8. to read a book
10. long thread
11. to buy some flowers
13. drink
14. goldfish
16. small bird

第 11 課
だい　　　か

部首 -1- へん、つくり（Radicals -1- left, right）
ぶしゅ

Most kanji are formed from two or more components. The following are the ways the radical components are placed within each kanji.

1）へん（left）　2）つくり（right）　3）かんむり（top）　4）あし（bottom）

5）たれ（upper left）　6）かまえ（enclosure）　7）にょう（lower left）

▨　Shaded areas are where the components express the meaning of the kanji. We call these components "BUSHU" (radicals). The kanji developed from the pictures (or their simplified forms) can be radicals.

1. human beings: 人（イ）・女・子・目・耳・口・手（扌）・足……

2. animals and plants: 牛・馬・鳥・魚・貝・木・竹・米……

3. nature: 日・月・火・水（氵）・金・土・石・山・川・雨……

4. life and tools: 田・門・糸・車・食（飠）…　　　（　）simplified forms

There are many radicals which cannot be used as kanji by themselves.

［れんしゅう］　Guess to which of the seven radical groups the following belong.

男・間・茶・物・短・書・見・後・週・買・前・低・話・夜・国

1）or 2）: 暗　　　　　　　　6）:

3）or 4）: 花　　　　　　　　7）:

5）:

1) へん（left）

休　何　作　体　低
行　後　待
泳　油　海　酒

The kanji group with the meaning components located on the left is the largest of the seven groups.

イ ＝人＝ man　　　彳 ＝ step　　　氵＝水＝ water

[れんしゅう]　Guess the meaning of the common components below.

1. 明 時 晩 暗 （日＝日＝　　　　）

2. 計 話 語 読 （言＝言＝　　　　）

3. 林 校 森　　（木＝木＝　　　　）

4. 飲 飯　　　（食＝食＝　　　　）

2) つくり（right）

The components which carry the meaning can be located on the right.

新　斤 ＝ 　　 ＝ ax

朝　月 ＝ 　　 ＝ moon

教　攵 ＝ 　　 ＝ hit

ユニット2 ·············· 第11課のきほん漢字（Basic Kanji）

2-1 漢字の書き方（Writing Kanji） ··

漢字	いみ	くんよみ	オンヨミ	（かくすう）

110 作

いみ	くんよみ	オンヨミ	（かくすう）
make work	つく-る	サク サ	（7）

ノ　イ　イ　仁　作　作　作

作(つく)る to make　　作文(さく・ぶん) composition

作品(さく・ひん) work (of art)　　動作(どう・さ) movement

111 泳

いみ	くんよみ	オンヨミ	（かくすう）
swim	およ-ぐ	エイ	（8）

丶　冫　氵　泸　汀　汀　泳　泳

泳(およ)ぐ to swim　　水泳(すい・えい) swimming

泳(およ)ぎ swimming

112 油

いみ	くんよみ	オンヨミ	（かくすう）
oil	あぶら	ユ	（8）

丶　冫　氵　沪　油　油　油

油(あぶら) oil　　石油(せき・ゆ) petroleum, oil

油絵(あぶら・え) oil painting　　油田(ゆ・でん) oil field

漢字	いみ	くんよみ	オンヨミ	（かくすう）

113 海 sea うみ カイ （9）

` 氵 氵 汋 汇 泙 海 海 海

海（うみ） the sea, the ocean 海外（かい・がい） overseas

日本海（に・ほん・かい） the Japan Sea 海水（かい・すい） seawater

114 酒 sake liquor さけ さか シュ （10）

` 氵 氵 汋 汇 沔 沔 洒 酒 酒

酒（さけ） sake, alcohol 日本酒（に・ほん・しゅ） Japanese sake

酒屋（さか・や） liquor shop 洋酒（よう・しゅ） Western liquor

115 待 wait ま-つ タイ （9）

ノ 夕 彳 彳 彳 彳 待 待 待

待（ま）つ to wait 招待（しょう・たい）する to invite

待合室（まち・あい・しつ） waiting room 期待（き・たい）する to expect

116 校 school コウ （10）

一 十 才 木 杧 杧 朾 栌 栌 校

学校（がっ・こう） school 校長（こう・ちょう） (school) principal

高校生（こう・こう・せい） senior high school student

漢字	いみ	くんよみ	オンヨミ	（かくすう）

117 時　time / hour　　とき　　ジ　（10）

｜　冂　日　日　日⁻　日�　日ᵘ　昞　時　時

時（とき）time, when　　　　　一時間（じ・かん）one hour

*時計（とけい）watch, clock　　　四時（よ・じ）4 o'clock

118 言　say　　いーう　こと　　ゲン　ゴン　（7）

｀　二　亖　言　言　言

言（い）う to say　　　　　言語（げん・ご）language

言葉（こと・ば）word　　　伝言（でん・ごん）message

119 計　plan / measure　　ケイ　（9）

｀　二　亖　言　言　言　言　訁　計

時計（と・けい）watch, clock　　　計画（けい・かく）する to plan

体温計（たい・おん・けい）(clinical) thermometer

120 語　word / language　　ゴ　（14）

｀　二　亖　言　言　言　言　訁　訐　語　語　語　語

日本語（に・ほん・ご）Japanese language　　中国語（ちゅう・ごく・ご）Chinese language

英語（えい・ご）English language　　　*物語（もの・がたり）story

漢字		いみ	くんよみ		オンヨミ	（かくすう）
121	飯	cooked rice meal	（めし）		ハン	（12）

ノ	ケ	ゲ	今	今	今	食	食	食	飣	飯	飯		

ご飯（はん）cooked rice, meal ＝ 飯（めし）a colloquial word used mainly by males

夕飯（ゆう・はん）supper

2-2 読みれんしゅう（Reading Exercises）

Ⅰ．Write the readings of the following kanji in Hiragana.

1. 作る   2. 泳ぐ   3. 油   4. 海   5. 酒

6. 待つ   7. 学校   8. 時間   9. 時計   10. 言う

11. 日本語   12. ご飯   13. 水泳   14. 石油

15. 校長

Ⅱ．Read the following sentences.

1. 日本語で作文を書きました。

2. 学校のプールで一時間泳ぎました。

3. ラテン語は古い言語です。

4. 夕飯は魚とご飯とみそしるです。
         soy bean soup

5. きのう酒屋で日本酒を一本買いました。
   や

6. 大学の大きい時計の下で田中さんを待ちます。

7. スーパーで米とパンと油としょうゆを買います。
_{soy sauce}

2-3 書きれんしゅう（Writing Exercises）

Ⅰ. Fill in the blanks with the appropriate kanji.

1. oil

　　□
あぶら

2. the sea

　　□
うみ

3. cooked rice

ご□
はん

4. sake

　　□
さけ

5. to make

　　□る
つく

6. to swim

　　□ぐ
およ

7. to wait

　　□つ
ま

8. to say

　　□う
い

9. Japanese language

□□□
に　ほん　ご

10. time

□□
じ　かん

11. school

□□
がっ　こう

12. watch

□□
とけい

Ⅱ. Write the appropriate kanji based on the meaning of the word.

1. 4 o'clock

□□
よ　じ

2. 5 o'clock

□□
ご　じ

3. 6 o'clock

□□
ろく　じ

4. 7:00 a.m.

ご	ぜん	しち	じ

5. 9:30 p.m.

ご	ご	く	じ	はん

6. one hour

いち	じ	かん

7. what time

なん	じ

8. elementary school

しょう	がっ	こう

9. junior high school

ちゅう	がっ	こう

10. senior high school

こう	こう

11. (school) principal

こう	ちょう

12. composition

さく	ぶん

13. petroleum

せき	ゆ

14. swimming

すい	えい

15. Chinese language

	国	
ちゅう	ごく	ご

16. linguistics

げん	ご	がく

17. breakfast (colloquial → formal)

□□ = □ご□ = □□
あさ めし　あさ はん　ちょうしょく

18. lunch

□□ = □ご□ = □□
ひる めし　ひる はん　ちゅうしょく

19. supper

□□ = □ご□ = □□ = □□
ばん めし　ばん はん　ゆう はん　ゆう しょく

ユニット3 ······························ 読み物（Reading Material）

＜キャンプ＞

Read the following passage and guess who in the picture below.

私は学校のともだちと海のちかくにキャンプに来ました。

前田さんはりょうりが上手ですから、昼ご飯を作りました。まず、牛肉を
油でいためました。それから、酒としょうゆをいれました。

林さんは海で泳ぎました。水泳が大好きですから。

山本さんは昼ご飯を待ちました。何かいも時計を見ました。

中川さんは木の上にいました。日本語で「たすけて！」と言いました。

＊キャンプ a camp	まず first	いためます to fry
それから then	しょうゆ soy sauce	いれます to add
何かいも many times	たすけて！ Help!	「〜」と言います to say, "……"

しっていますか できますか
(Do you know these kanji? Can you use them?)

< 部首ゲーム 1 (Radical Game 1) >
　ぶしゅ

Ⅰ. Combine the components and make a kanji.

読み

e.g. 日 + 寺 = 時　　　　（　　とき・ジ　　）

1. 水 + 由 =　　　　　　（　　　　　　　）

2. 木 + 交 =　　　　　　（　　　　　　　）

3. イ + 寺 =　　　　　　（　　　　　　　）

4. 食 + 欠 =　　　　　　（　　　　　　　）

5. 言 + 五 + 口 =　　　（　　　　　　　）

6. 人 + 木 =　　　　　　（　　　　　　　）

7. 立 + 木 + 斤 =　　　（　　　　　　　）

8. 水 + 毎 =　　　　　　（　　　　　　　）

9. 禾 + ム =　　　　　　（　　　　　　　）

Ⅱ. Select the appropriate component from the right-hand box.

1. イ　　4. シ　　7. 食

2. 日　　5. 木

3. イ 　　6. 言

a. 木	b. 可	c. 由	d. 舌
e. 氏	f. 酉	g. 交	h. 亍
i. 寺	j. 十	k. 反	l. 乍
m. 月	n. 爰	o. 欠	p. 音

第 12 課
だい か

ユニット1 .... 漢字の話（Kanji Topics）

 部首 -2- かんむり、あし（Radicals -2- top, bottom）.................
ぶしゅ

In some kanji, the radical is the top component; in some, the radical is the bottom component.

1）へん（left） 2）つくり（right）

3）かんむり（top）

花 茶 英 薬
安 字 家 宅 客 室
今 食 会

These common radicals carry meanings as followings:

艹 = grass   宀 = roof   𠆢 = man

[れんしゅう] Guess the meaning of the radical below.

雪 雲 電（⻗＝雨＝　　）

4）あし（bottom）

先 見 売   儿 = man's legs
買   貝 = shell = money

[れんしゅう] Guess the meaning of the following bottom components.

男（力＝　）   岩（石＝　）

108

ユニット2 ·············· 第 12 課のきほん漢字（Basic Kanji）

2-1 漢字の書き方（Writing Kanji）·····································

漢字	いみ	くんよみ	オンヨミ	（かくすう）
122 宅	house home		タク	（6）

' 宀 宀 宇 宅

お宅（たく）one's home　　　住宅（じゅう・たく）house
自宅（じ・たく）my home　　　帰宅（き・たく）する to go home

漢字	いみ	くんよみ	オンヨミ	（かくすう）
123 客	guest customer		キャク	（9）

' 宀 宀 灾 灾 灾 客 客

客（きゃく）guest, customer
乗客（じょう・きゃく）passenger

漢字	いみ	くんよみ	オンヨミ	（かくすう）
124 室	room		シツ	（9）

' 宀 宀 宰 宰 宰 宰 室

教室（きょう・しつ）classroom　　　室内（しつ・ない）indoor
研究室（けん・きゅう・しつ）professor's office, laboratory

漢字	いみ	くんよみ	オンヨミ	（かくすう）

125 家 — house — いえ / や — カ — (10)

｀ ゛ 宀 宀 宇 宇 宇 宇 家 家 家

家（いえ）house　　　　家族（か・ぞく）family
大家（おお・や）landlord

126 英 — superb (for England) — エイ — (8)

一 十 艹 芋 芍 苎 英 英

英国（えい・こく）England　　　　英語（えい・ご）English language
英和辞典（えい・わ・じ・てん）English-Japanese dictionary

127 薬 — medicine — くすり — ヤク／ヤッ- — (16)

一 十 艹 艹 艹 芍 苩 苩 苩 萡 萡 萡 萡 薬
薬 薬

薬（くすり）medicine　　　　薬屋（くすり・や）drugstore
目薬（め・ぐすり）eyedrops　　　　薬局（やっ・きょく）pharmacy

128 会 — meeting association — あ-う — カイ — (6)

ノ 人 今 今 会 会

会（あ）う to meet　　　　会話（かい・わ）conversation
会社（かい・しゃ）company　　　　教会（きょう・かい）church

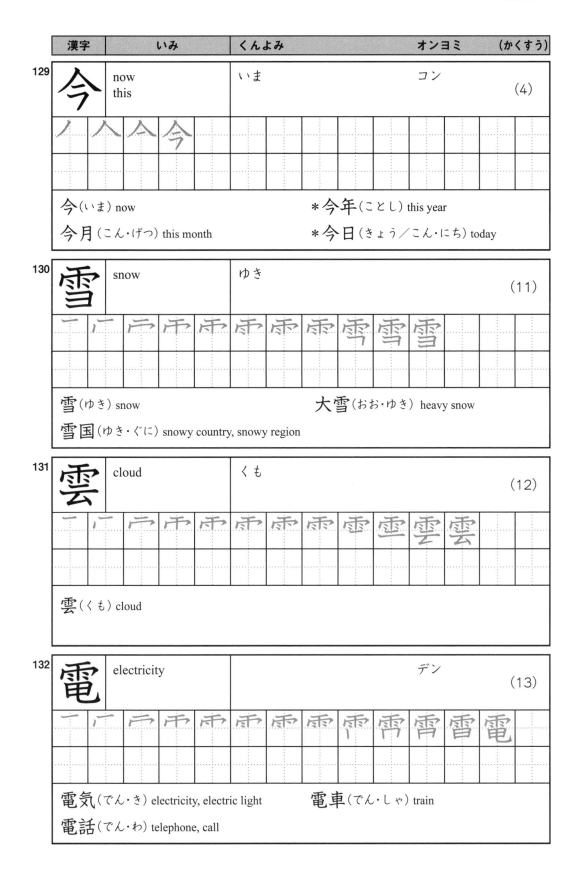

漢字		いみ	くんよみ		オンヨミ	（かくすう）

129 今 — now / this — いま — コン — (4)

ノ 人 今 今

今（いま）now   ＊今年（ことし）this year

今月（こん・げつ）this month   ＊今日（きょう／こん・にち）today

130 雪 — snow — ゆき — (11)

一 ⼆ ⼾ 平 乐 乐 雫 雫 雪 雪 雪

雪（ゆき）snow   大雪（おお・ゆき）heavy snow

雪国（ゆき・ぐに）snowy country, snowy region

131 雲 — cloud — くも — (12)

一 ⼆ ⼾ 平 乐 乐 雫 雫 雫 雲 雲 雲

雲（くも）cloud

132 電 — electricity — デン — (13)

一 ⼆ ⼾ 平 乐 乐 雫 雫 雫 雫 雫 雷 電

電気（でん・き）electricity, electric light   電車（でん・しゃ）train

電話（でん・わ）telephone, call

漢字		いみ		くんよみ		オンヨミ	（かくすう）
133	売	sell		う-る		バイ	(7)

一 十 士 声 声 売 売

売（う）る to sell 　　　　　　　　　売店（ばい・てん）stand, kiosk
売（う）り場（ば）sales counter

2-2 読みれんしゅう （Reading Exercises）

Ⅰ. Write the readings of the following kanji in Hiragana.

1. お宅　　2. 客　　3. 教室　　4. 家　　5. 英語

6. 会う　　7. 薬　　8. 会話　　9. 雪　　10. 雲

11. 電話　　12. 今　　13. 売る

Ⅱ. Read the following words and sentences.

1. 今朝、今晩、今日、今週、今月、今年

2. 先生の研究室とお宅に電話をかけました。
　　　　けんきゅう

3. あの薬屋はいつも客が多いです。
　　　　や

4. 今日は雲が多いから暗いですね。電気をつけましょう。
　　　　　　　　　　　　　　　　　　　　　き

5. 山の方では 11 月から雪がふります。

6. 山川さんは車を 39 万円で中古車センターに売りました。

7. 家の前で小学校の校長先生に会いました。

8. 今、教室で英語の会話の CD を聞いています。

2-3 書きれんしゅう （Writing Exercises）

Ⅰ． Fill in the blanks with the appropriate kanji.

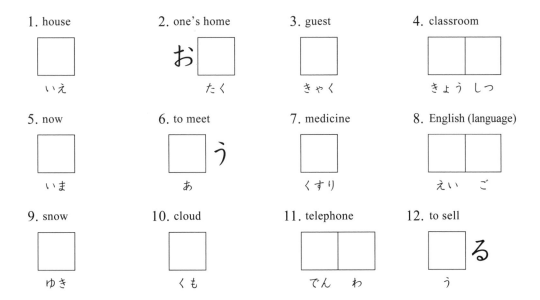

Ⅱ． Write the appropriate kanji based on the meaning of the word.

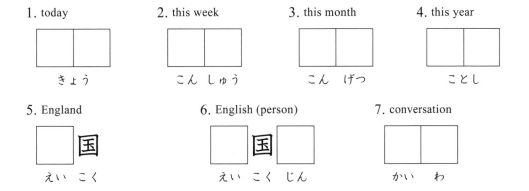

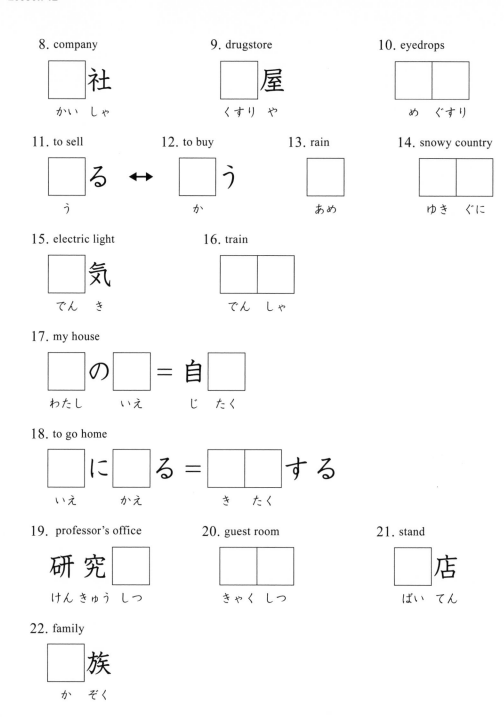

8. company

□社
かい しゃ

9. drugstore

□屋
くすり や

10. eyedrops

□□
め　ぐすり

11. to sell

□る
う

↔

12. to buy

□う
か

13. rain

□
あめ

14. snowy country

□□
ゆき　ぐに

15. electric light

□気
でん　き

16. train

□□
でん　しゃ

17. my house

□の□＝自□
わたし　いえ　　じ　たく

18. to go home

□に□る＝□□する
いえ　かえ　　き　たく

19. professor's office

研究□
けん きゅう しつ

20. guest room

□□
きゃく しつ

21. stand

□店
ばい てん

22. family

□族
か　ぞく

ユニット３ ························ 読み物（Reading Material）

＜はがき (A Postcard) ＞

305-0032

茨城県つくば市
竹園三丁目二ー一

中田花子様

北海道にて
プラニー

毎日さむいですね。私は一週間前から北海道に来ています。はじめて雪を見ました。スキーもはじめてして、大好きになりました。きのうお宅に電話しましたが、だれもいませんでしたから、このはがきを書いています。先週の金曜日、北海道大学の先生といっしょにタイからのお客さまに会いました。英語とタイ語で少し話しましたが、花子さんをよく知っていて、よろしくと言っていました。では、また。さようなら

茨城県 Ibaraki Prefecture
つくば市 Tsukuba City
竹園三丁目二ー一 Takezono 3-2-1
〜様 Mr./Ms. 〜
北海道 Hokkaido
はじめて for the first time
〜からのお客さま guest from 〜
よく知っている to know well
〜によろしくと言う
　　to give one's regards to（someone）

［しつもん］

1. だれがだれにこのはがきを書きましたか。 ＿＿＿＿＿＿＿＿＿＿＿＿＿

2. この人は今どこにいますか。 ＿＿＿＿＿＿＿＿＿＿＿＿＿＿＿＿＿＿

3. この人はきのう何をしましたか。 ＿＿＿＿＿＿＿＿＿＿＿＿＿＿＿＿

4. この人はいつタイからのお客さまに会いましたか。 ＿＿＿＿＿＿＿＿

5. この人はそのタイ人と何語で話しましたか。 ＿＿＿＿＿＿＿＿＿＿＿

(Do you know these kanji? Can you use them?)

<部首ゲーム2 (Radical Game 2)>
ぶしゅ

Ⅰ. Select the appropriate component.

1. 四
   a. 貝　b. 見　c. 目

2. 生
   a. 入　b. 儿　c. 心

3. 余
   a. 丷　b. 艹　c. 宀

4. 子
   a. 宀　b. 艹　c. 冖

5. 木
   a. 彳　b. 亻　c. 氵

6. 音
   a. 口　b. 日　c. 目

7. 亲
   a. 欠　b. 攵　c. 斤

8. 卓
   a. 月　b. 日　c. 目

9. 雫
   a. 日　b. 口　c. ヨ

Ⅱ. Combine the top and bottom to make kanji.

Top:

| a. 丷 | b. 艹 | c. 冖 | d. 宀 | e. 𭣪 | f. 雨 | g. 入 |

Bottom:

1. 化　　2. 子　　3. 良　　4. 楽　　5. 至

6. 云　　7. ヨ　　8. 刖　　9. ラ　　10. 女

第 13 課
だい か

ユニット 1

·· 漢字の話 （Kanji Topics）

部首 -3- たれ、かまえ （Radicals -3- upper left, enclosure）
ぶしゅ

The radical components are located on the upper left of some kanji; the radical components enclose some kanji.

1）へん （left） 　　2）つくり（right） 　　3）かんむり（top）

4）あし （bottom）

5）たれ （upper left）

広　店　度　　广 = roof
病　疲　痛　　疒 = sickness
屋　　　　　　尸 = corpse (or crouched body)

6）かまえ （enclosure）

間　開　閉　聞　　門 = two doors
円　肉　　　　　　冂 = enclose

回　困　国　　　　囗 = border

[れんしゅう]　In which location is the radical in the following kanji? ex. 電〔3）〕

1. 先　　2. 体　　3. 暗　　4. 新　　5. 高　　6. 海
〔　　〕〔　　〕〔　　〕〔　　〕〔　　〕〔　　〕
7. 広　　8. 花　　9. 間　　10. 買　　11. 安　　12. 国
〔　　〕〔　　〕〔　　〕〔　　〕〔　　〕〔　　〕

ユニット2 ・・・・・・・・・・・・ 第13課のきほん漢字（Basic Kanji）

2-1 漢字の書き方（Writing Kanji） ・・・・・・・・・・・・・・・・・・・・・・・・・・・・・・

漢字	いみ	くんよみ	オンヨミ	（かくすう）
134 広	wide large	ひろ-い	コウ	(5)

' 一 广 広 広

広（ひろ）い　wide, large
広（ひろ）さ　width
広島（ひろ・しま）Hiroshima
広告（こう・こく）advertisement

135 店	shop	みせ	テン	(8)

' 一 广 广 庁 店 店

店（みせ）shop
店員（てん・いん）salesperson
書店（しょ・てん）book store
本店（ほん・てん）main store (of a chain)

136 度	degree time(s)		ド	(9)

' 一 广 广 庐 庐 庐 度

5度（ご・ど）five times, five degrees
今度（こん・ど）next time
温度（おん・ど）temperature
速度（そく・ど）speed

漢字	いみ	くんよみ	オンヨミ	（かくすう）

137 病　sick　　ビョウ　（10）

`丶 亠 广 广 疒 疒 疒 病 病 病`

病気（びょう・き）illness, disease　　病院（びょう・いん）hospital
病人（びょう・にん）sick person

138 疲　tired　つか-れる　（10）

`丶 亠 广 广 疒 疒 疒 疒 疲 疲`

疲（つか）れる to be tired
疲（つか）れ tiredness, fatigue

139 痛　pain　いた-い　　いた-む　　ツウ　（12）

`丶 亠 广 广 疒 疒 疒 病 痛 痛 痛`

痛（いた）い painful　　　　　　痛（いた）み止（ど）め painkiller
痛（いた）む to ache, to hurt　　頭痛（ず・つう）headache

140 屋　house shop roof　や　　オク　（9）

`フ コ 尸 尸 屋 层 层 屋 屋`

〜屋（や）〜shop　　　　　肉屋（にく・や）butcher
本屋（ほん・や）book store　　屋上（おく・じょう）the roof

漢字		いみ	くんよみ	オンヨミ	（かくすう）

141 国　country nation　　くに　　コク　（8）

一 冂 冃 冝 匡 国 国 国

国（くに）country　　外国人（がい・こく・じん）foreigner

国立大学（こく・りつ・だい・がく）national university

142 回　turn around time(s)　　まわ-る まわ-す　　カイ　（6）

一 冂 冂 冋 回 回

回（まわ）す to turn　　一回（いっ・かい）＝一度（いち・ど）once

回（まわ）る to turn around, to rotate　　一回（ひと・まわ）りする to go around

143 困　be in trouble　　こま-る　　コン　（7）

一 冂 冃 用 困 困 困

困（こま）る to be in trouble, to be embarrassed

困難（こん・なん）な difficult

144 開　open　　あ-く あ-ける ひら-く　　カイ　（12）

一 冂 冃 冃 冃 門 門 門 門 門 開 開

開（あ）く to open　　開会（かい・かい）する to open a meeting

開（ひら）く to open　　開店（かい・てん）する to open a store

漢字		いみ	くんよみ		オンヨミ	（かくすう）

145 閉　close　　　　し-まる　と-じる　　　　ヘイ　　　（11）
　　　　　　　　　　し-める

l	ſ	ſ¹	Ｐ	Ｐ¹	門	門	門	門	閉	閉			

閉(し)まる to close　　　　　　　閉会(へい・かい)する to close a meeting

閉(と)じる to close　　　　　　　閉店(へい・てん)する to close a store

2-2　読みれんしゅう（Reading Exercises）

Ⅰ．Write the reading of the following kanji in Hiragana.

1. 広い　　2. 痛い　　3. 一度　　4. 一回　　5. 国

6. 病人　　7. 店　　8. 本屋　　9. 疲れる

10. 困る　　11. 開ける　　12. 閉める　　13. 英国

Ⅱ．Read the following words and sentences.

1. 花屋、魚屋、薬屋、酒屋、肉屋

2. 時間があったので、その店の近くを一回りしてきました。

3. その店の開店時間と閉店時間を教えてください。

4. 足が痛いから、今度の土曜日に病院に行きます。
　　　　　　　　　　　　　　　　　　いん

5. 外国語ができませんから、困ります。
　がい

6. この大学は国立大学で、外国人学生も多い。
　　　　　　りっ　　　　　がい

7.森川書店は古本屋です。

毎日午前十時に開いて、午後五時半に閉まります。

8.今日は夜の九時まで教えましたから、疲れました。

9.店を休んで、電車で薬屋へ行きました。

10.広島大学は私立大学ではありません。
　　　しま　　　　　　りっ

2-3 書きれんしゅう（Writing Exercises）

Ⅰ. Fill in the blanks with the appropriate kanji.

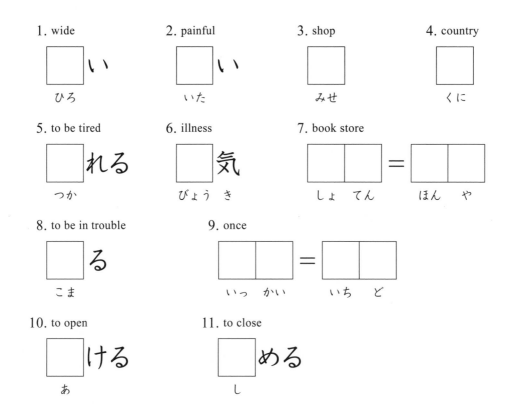

1. wide
□い
ひろ

2. painful
□い
いた

3. shop
□
みせ

4. country
□
くに

5. to be tired
□れる
つか

6. illness
□気
びょう き

7. book store
□□＝□□
しょ てん　ほん や

8. to be in trouble
□る
こま

9. once
□□＝□□
いっ かい　いち ど

10. to open
□ける
あ

11. to close
□める
し

II. Write the appropriate kanji based on the meaning of the word.

1. butcher

にく　や

2. fish shop

さかな　や

3. liquor store

さか　や

4. drugstore

くすり　や

5. the main store/office
 ↔ 支
ほん　てん　　　　し　てん

6. branch store/office

7. stand
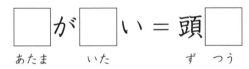
ばい　てん

8. the roof
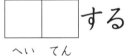
おく　じょう

9. next time

こん　ど

10. hospital
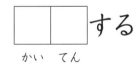院
びょう いん

11. sick person

びょう にん

12. headache
がい＝頭
あたま　　いた　　　　ず　つう

13. tiredness
れ
つか

14. to open a store
する
かい　てん

15. to close a store
する
へい　てん

16. foreigner
外
がい　こく　じん

17. foreign language
外
がい　こく　ご

18. Hiroshima
島
ひろ　しま

ユニット3 ‥‥‥‥‥‥‥‥‥‥‥‥‥ 読み物（Reading Material）

＜日記 (Diary) ＞
にっき

　私はきのう少し疲れて、目が痛かったので、病院に行きました。病院は開いていませんでした。私はとても困りました。病院の後ろに薬局がありますから、その薬局へ行きました。でも、薬局も閉まっていました。私はぐうぜん薬局の前で広田さんに会いました。広田さんは、私に「いい薬屋がありますよ」と言いました。その薬屋は、広田さんのお宅のそばにありました。私はその薬屋で目薬を買いました。そして、きのうの晩は九時に休みました。

＊疲れて、～　to get tired and ~
　～ので、because ～　＝～から
病院 hospital
びょういん
とても very
薬局 pharmacy
やっきょく
でも、～　But ~
閉まっていました was closed
ぐうぜん by chance
「　～　」と言いました（someone）said, "～".

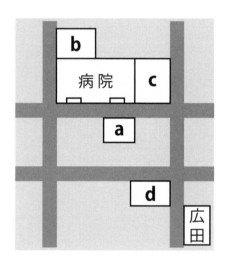

［しつもん］

1. この人はきのうどうして病院に行きましたか。　＿＿＿＿＿＿＿＿＿＿

2. この人はきのうどうして困りましたか。　＿＿＿＿＿＿＿＿＿＿＿

3. その後、どこへ行きましたか。　＿＿＿＿＿＿＿＿＿＿＿＿＿

4. 薬局はどこにありますか。（a、b、c、d のどれですか。）　＿＿＿＿＿＿

5. この人は薬局の前でだれに会いましたか。　＿＿＿＿＿＿＿＿＿＿

6. 広田さんのお宅のそばに何がありますか。　＿＿＿＿＿＿＿＿＿＿

7. この人は薬屋で何を買いましたか。　＿＿＿＿＿＿＿＿＿＿＿＿

しっていますか できますか
(Do you know these kanji? Can you use them?)

＜店の名前 (Shop Names)＞
なまえ

Which shop do we go to in order to buy the items below?

1. たまご	8. 石けん	15. 鳥(=鶏)肉
2. えんぴつ	9. くだもの	16. シャンプー
3. 油	10. ざっし	17. ジュース
4. 牛肉	11. ガソリン	18. カレーパン
5. ビール	12. しお	19. 魚
6. 米	13. さしみ	20. ミルク
7. パン	14. 酒	

a.

b.

c.

d.

e.

f.

g.

h.

第 14 課
<ruby>だい<rt></rt></ruby> <ruby>か<rt></rt></ruby>

ユニット1 ·························· 漢字の話 （Kanji Topics）

部首 -4- にょう （Radicals -4- lower left）
ぶしゅ

Some radicals are located in the lower left position in the kanji.

1) へん （left） ⬜ 2) つくり （right） ⬜ 3) かんむり （top） ⬜

4) あし （bottom） ⬜ 5) たれ （upper left） ⬜ 6) かまえ （enclosure） ⬜ ⬜

7) にょう （lower left）

　近　遠　速　週　遅　道　辶 = walk, way

◇◇◇◇◇◇◇◇◇◇◇◇◇◇◇◇◇◇◇◇◇◇◇◇◇◇◇◇◇◇◇◇◇◇◇◇◇◇◇

形声文字 （The Meaning Components ＋ The Sound Components）
けいせいもじ

In some kanji a different component from the meaning component shows the "ON YOMI"（Chinese）reading of the kanji.

寺　時　持　→　ジ　　時（日 sun　　　＋　寺 ジ）
　　　　　　　　　　持（手 hand　　　＋　寺 ジ）

青　晴　静　→　セイ　晴（日 sun　　　＋　青 セイ）
　　　　　　　　　　静（青 セイ clear　＋　争 conflict）

可　何　歌　→　カ　　何（人 man　　　＋　可 カ）
　　　　　　　　　　歌（可 カ　　　　＋　欠 open mouth）

ユニット2 ·············· 第14課のきほん漢字（Basic Kanji）

2-1 漢字の書き方（Writing Kanji）

漢字	いみ	くんよみ	オンヨミ	（かくすう）

146 近 — near / recent — ちか-い — キン （7）

`ノ ｆ ｆ 斤 近 近 近`

近（ちか）い near
近（ちか）く nearby
近所（きん・じょ） the neighborhood

147 遠 — far / distant — とお-い — エン （13）

`一 十 土 圡 吉 吉 声 声 亭 袁 袁 遠 遠`

遠（とお）い far
遠（とお）く distant
遠足（えん・そく） picnic

148 速 — fast / quick — はや-い — ソク （10）

`一 ｒ ｒ 吉 束 束 束 涑 涑 速`

速（はや）い fast
速度（そく・ど） speed
速達（そく・たつ） express delivery

漢字	いみ	くんよみ	オンヨミ	(かくすう)

149 遅 — slow / late — おそ-い / おく-れる — チ — (12)

丁 丁 尸 尸 尸 尿 屈 屋 犀 犀 遅 遅

遅(おそ)い late, slow

遅(おく)れる to be late

遅刻(ち・こく)する to be late

150 道 — way / street — みち — ドウ — (12)

丶 丷 丷 丷 首 首 首 首 首 道 道

道(みち) path, street

水道(すい・どう) waterworks

歩道(ほ・どう) footpath, sidewalk

車道(しゃ・どう) roadway

151 青 — blue — あお-い / あお — セイ — (8)

一 十 丰 丰 青 青 青 青

青(あお)い blue

青信号(あお・しん・ごう) green light

青年(せい・ねん) young person

152 晴 — fair (weather) / clear up — は-れる — セイ — (12)

丨 冂 月 日 日 晴 晴 晴 晴 晴 晴 晴

晴(は)れ clear (weather)

晴(は)れる to clear up, to be sunny

晴天(せい・てん) fair weather

漢字	いみ	くんよみ	オンヨミ	（かくすう）

153 静　quiet / still　しず-かな　セイ　（14）

一 十 キ 主 青 青 青 青 青 青 静 静 静

静(しず)かな　quiet　　　　安静(あん・せい)　rest

静止(せい・し)する　to stand still

154 寺　temple　てら　ジ　（6）

一 十 土 寺 寺 寺

寺(てら)　(Buddhist) temple　　　山寺(やま・でら)　mountain temple

東大寺(とう・だい・じ)　Todaiji Temple

155 持　hold　も-つ　ジ　（9）

一 才 才 扩 扩 持 持 持 持

持(も)つ　to hold, to own　　　気持(き・も)ち　feeling

持(も)ち物(もの)　one's belongings　　　持続(じ・ぞく)する　to continue

156 荷　load　に　カ　（10）

一 十 サ 艹 芹 芹 苛 荷 荷 荷

荷物(に・もつ)　luggage, package　　　荷作(に・づく)りする　to pack

手荷物(て・に・もつ)　hand luggage　　　出荷(しゅっ・か)する　to ship goods

漢字		いみ		くんよみ		オンヨミ	（かくすう）
157	歌	song		うた うた-う		カ	（14）

一 厂 丌 可 可 可 哥 哥 哥 哥 歌 歌 歌

歌（うた）song

歌（うた）う to sing

歌手（か・しゅ）singer

国歌（こっ・か）the national anthem

2-2 読みれんしゅう（Reading Exercises）

I. Write the readings of the following kanji in Hiragana.

1. 近い　　2. 遠い　　3. 速い　　4. 遅い　　5. 青い

6. 静かな　　7. 晴れる　　8. 歌う　　9. 持つ　　10. 道

11. 寺　　12. 歌　　13. 荷物

II. Read the following sentences.

1. 水道の水を飲みます。

2. ひこうきの中に手荷物を持ちこみます。

3. 静かな山寺で休みました。

4. 近所の子どもたちとクリスマスの歌を歌った。

5. 電車が 19 分遅れて、学校に遅刻した。
　　　　　　　　　　　　　　こく

6. あの英国人の青年は目が青いです。

7. 近くの森に遠足に行きました。

8. 寺田さんは金持ちです。

9. あしたは夕方から晴れるでしょう。

10. 新幹線の速度は時速何キロですか。
かんせん

2-3 書きれんしゅう（Writing Exercises）

Ⅰ. Fill in the blanks with the appropriate kanji.

1. near
ちか い

2. far
とお い

3. fast
はや い

4. slow
おそ い

5. blue
あお い

6. quiet
しず かな

7. to sing
うた う

8. to hold
も つ

9. package
に もつ

10. street
みち

11. to clear up, to be sunny
は れる

12. (Buddhist) temple
てら

Ⅱ. Write the appropriate kanji based on the meaning of the word.

1. singer

か　しゅ

2. the national anthem

こっ　か

3. hand luggage
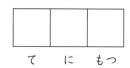
て　に　もつ

4. speed

そく　ど

5. rich person
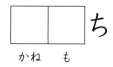
かね　も

6. sidewalk

ほ　どう

7. roadway

しゃ　どう

8. the neighborhood

きん　じょ

9. near

ちか

10. far

とお

11. picnic

えん　そく

12. fair weather

せい　てん

13. to be late
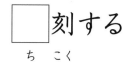
ち　こく

14. to be late

おく

15. one's belongings
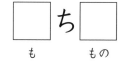
も　もの

16. young person

せい　ねん

17. quiet person

しず　ひと

ユニット3 .... 読み物（Reading Material）

＜遠足＞

青木：リーさん、今度の土曜日に遠足に行くんですけど、いっしょに行き
　　　ませんか。

リー：いいですね。でも、遠くへ行きますか。

青木：いいえ、遠くじゃありません。筑波山の近くに古いお寺があるんです。
　　　静かで、いいところですよ。

リー：何を持って行きますか。

青木：そうですね。3時間ぐらいあるきますから、重い荷物は困りますよ。
　　　昼ご飯と飲み物だけ持って来てください。

リー：わかりました。

＊筑波山 Mt. Tsukuba　　　　　ところ place　　　　　持って行く to take（something）
　つくばさん
　重い heavy　　　　　　　　持って来る to bring（something）
　おも

［しつもん］

1. 青木さんはいつ遠足に行きますか。　＿＿＿＿＿＿＿＿＿＿＿＿＿＿

2. 青木さんは遠くまで行きますか。　＿＿＿＿＿＿＿＿＿＿＿＿＿＿＿

3. 青木さんはどこへ行きますか。　＿＿＿＿＿＿＿＿＿＿＿＿＿＿＿

4. そこはどんなところですか。　＿＿＿＿＿＿＿＿＿＿＿＿＿＿＿＿

5. どうして重い荷物は困りますか。　＿＿＿＿＿＿＿＿＿＿＿＿＿＿

6. 青木さんたちは遠足に何を持って行きますか。　＿＿＿＿＿＿＿＿＿

しっていますか できますか
(Do you know these kanji? Can you use them?)

< **天気予報** (The Weather Forecast) >
 てん き よ ほう

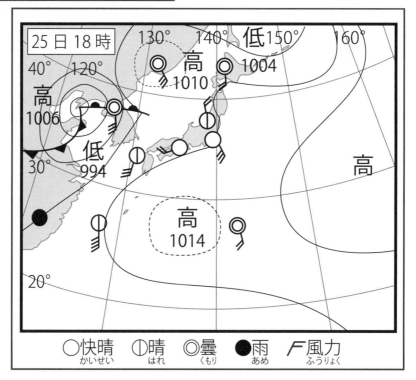

天　気

○快晴　◐晴　◎曇　●雨　F風力
　かいせい　　はれ　　くもり　　あめ　　ふうりょく

きょう6時 9 12 15 18 21						あす	あさって
札幌 さっぽろ		60% 19～26℃				→ 19～27℃	→ 19～28℃
東京 とうきょう		20% 26～35℃				→ 27～34℃	→ 26～32℃
新潟 にいがた		20% 24～35℃				／ 23～27℃	／ 23～29℃
大阪 おおさか		10% 27～36℃				／ 27～34℃	／ 25～33℃
福岡 ふくおか		20% 28～35℃				／ 26～34℃	25～31℃

⤴ …降水量5㍉未満
☂ …降水量5㍉以上
→ …のち
／ …一時、時々
下段の%…降水確率
左の℃…最低気温
右の℃…最高気温
▲…氷点下

（情報は気象庁・気象協会）

第 15 課
だい　　　か

人の関係をあらわす漢字（Personal Relationships）
かんけい

I．Personal pronouns

彼
he

彼女
she

あなた
you（hearer）

私
I（speaker）

II．Family members

= 男

= 女

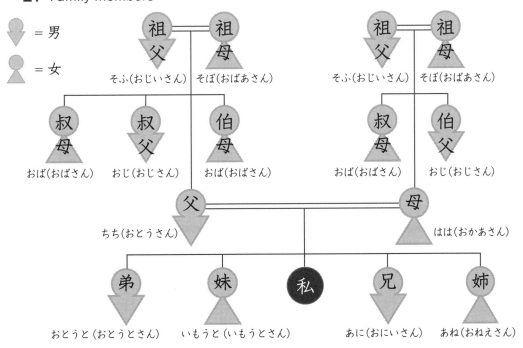

祖父　祖母
そふ（おじいさん）　そぼ（おばあさん）

祖父　祖母
そふ（おじいさん）　そぼ（おばあさん）

叔母　叔父　伯母
おば（おばさん）　おじ（おじさん）　おば（おばさん）

叔母　伯父
おば（おばさん）　おじ（おじさん）

父　　　　　　　　　　　　　　　母
ちち（おとうさん）　　　　　　　　　　　は は（おかあさん）

弟　妹　私　兄　姉
おとうと（おとうとさん）　いもうと（いもうとさん）　あに（おにいさん）　あね（おねえさん）

There are two ways of addressing family members. Words in Group 1 are used when a speaker refers to his/her own family and words in Group 2 are used when he/she refers to someone else's family. But when one addresses one's own father at home, one may use the word「お父さん」in Group 2.

	1. Speaker's family	2. Another's family
grandfather	祖父 そ ふ	お祖父さん じい
grandmother	祖母 そ ぼ	お祖母さん ばあ
father	父 ちち	お父さん とう
mother	母 はは	お母さん かあ
father's/mother's elder brother	伯父 おじ	伯父さん おじ
father's/mother's younger brother	叔父 おじ	叔父さん おじ
father's/mother's elder sister	伯母 おば	伯母さん おば
father's/mother's younger sister	叔母 おば	叔母さん おば
elder brother	兄 あに	お兄さん にい
elder sister	姉 あね	お姉さん ねえ
younger brother	弟 おとうと	弟さん おとうと
younger sister	妹 いもうと	妹さん いもうと
husband	夫 おっと 主人 しゅじん	ご主人 しゅじん
wife	妻 つま 家内 か ない	奥さん おく
child	子ども こ	お子さん こ

ユニット2 ・・・・・・・・・・・・・ 第15課のきほん漢字（Basic Kanji）

2-1 漢字の書き方（Writing Kanji）

漢字	いみ	くんよみ	オンヨミ	（かくすう）

158

友　friend　とも　ユウ　(4)

一 ナ 方 友

友（とも）＝友（とも）だち friend　　親友（しん・ゆう）close friend
友人（ゆう・じん）friend　　友情（ゆう・じょう）friendship

159

父　father　ちち　フ　(4)

ノ 八 ゲ 父

父（ちち）father　　＊お父（とう）さん father
父親（ちち・おや）father　　父母（ふ・ぼ）father and mother

160

母　mother　はは　ボ　(5)

く 口 口 口 母

母（はは）mother　　＊お母（かあ）さん mother
母親（はは・おや）mother　　母国（ぼ・こく）mother country

漢字		いみ	くんよみ	オンヨミ	（かくすう）

161 兄　elder brother　あに　ケイ　キョウ　(5)

丿 口 口 尸 兄

兄（あに）elder brother　　*お兄（にい）さん elder brother

兄弟（きょう・だい）brothers and sisters　　長兄（ちょう・けい）eldest brother

162 姉　elder sister　あね　シ　(8)

く 女 女 女 女 妒 姉 姉

姉（あね）elder sister　　*お姉（ねえ）さん elder sister

姉妹（し・まい）sisters

163 弟　younger brother　おとうと　テイ　ダイ　(7)

丶 丷 丷 弟 弟 弟 弟

弟（おとうと）younger brother　　兄弟（きょう・だい）brothers and sisters

子弟（し・てい）children　　*弟子（で・し）pupil

164 妹　younger sister　いもうと　マイ　(8)

く 女 女 女 妅 妹 妹 妹

妹（いもうと）younger sister

姉妹（し・まい）sisters

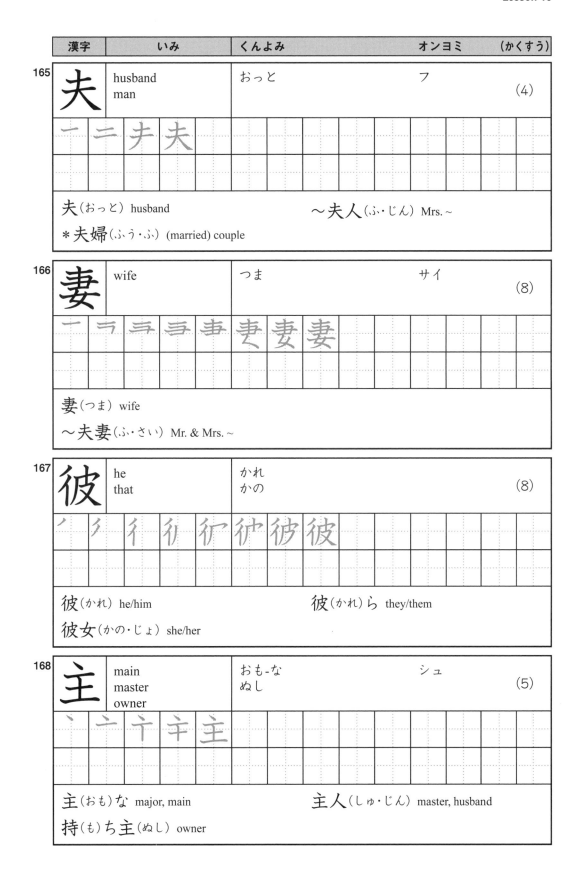

漢字	いみ	くんよみ	オンヨミ	（かくすう）

165 夫 — husband / man — おっと — フ — (4)

一 二 テ 夫

夫（おっと）husband　　　　〜夫人（ふ・じん）Mrs. 〜

＊夫婦（ふう・ふ）(married) couple

166 妻 — wife — つま — サイ — (8)

一 コ ヨ ヨ 妻 妻 妻 妻

妻（つま）wife

〜夫妻（ふ・さい）Mr. & Mrs. 〜

167 彼 — he / that — かれ / かの — (8)

ノ 夕 彳 彳 彳 彳 彼 彼

彼（かれ）he/him　　　　彼（かれ）ら they/them

彼女（かの・じょ）she/her

168 主 — main / master / owner — おも-な / ぬし — シュ — (5)

丶 二 十 宇 主

主（おも）な major, main　　　　主人（しゅ・じん）master, husband

持（も）ち主（ぬし）owner

漢字		いみ	くんよみ				オンヨミ	（かくすう）
169 奥		back deep inner	おく					（12）

´ ⼁ 冂 向 向 向 南 南 南 奥 奥 奥

奥（おく）back

奥（おく）さん wife ＝ 奥様（おく・さま）madam (polite)

2-2 読みれんしゅう（Reading Exercises） ·····················

Ⅰ．Write the readings of the following kanji in Hiragana.

1. 父   2. 母   3. 兄   4. 弟   5. 姉   6. 妹

7. 友だち   8. 彼   9. 彼女   10. お父さん

11. お母さん   12. お兄さん   13. お姉さん

14. 奥さん   15. ご主人   16. 夫と妻

Ⅱ．Read the following sentences.

1. 山下さんの奥さんは私の兄の友だちです。

2. 彼のお姉さんは歌が上手です。

3. 弟は中学生で、毎日四時ごろ学校から帰ります。

4. 彼女は広い家を持っています。

5. 主人は兄弟が少ないです。

6. きょうは父も母も買い物に行っています。

7. きのうの晩、妹と電話で 30 分ぐらい話しました。

8. 山田先生ご夫妻におねがいしました。 I asked Mr. and Mrs. Yamada.

2-3 書きれんしゅう（**Writing Exercises**）

Ⅰ. Fill in the blanks with the appropriate kanji.

1. friend

 だち

とも

2. he

かれ

3. she

かの　じょ

4. father

＝お さん

ちち　　　とう

5. mother

 ＝お さん

はは　　　かあ

6. elder brother

 ＝お さん

あに　　　にい

7. younger brother

おとうと

8. elder sister

 ＝お さん

あね　　　ねえ

9. younger sister

いもうと

10. husband

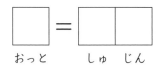 ＝

おっと　　しゅ　じん

11. wife

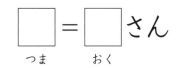 ＝ さん

つま　　おく

141

Ⅱ. Write the appropriate kanji based on the meaning of the word.

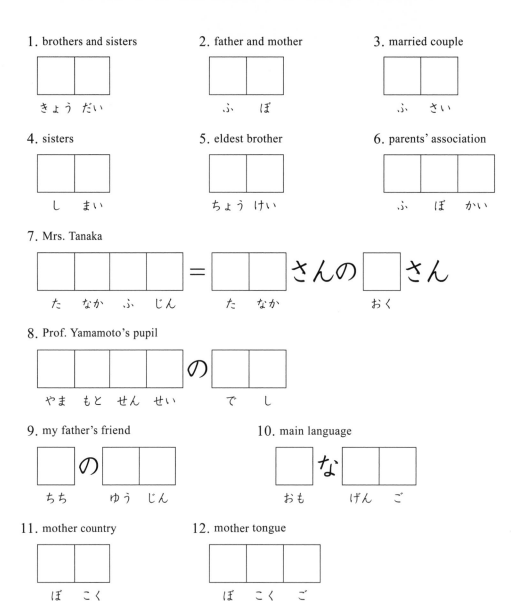

1. brothers and sisters

きょう だい

2. father and mother

ふ　ぼ

3. married couple

ふ　さい

4. sisters

し　まい

5. eldest brother

ちょう けい

6. parents' association

ふ　ぼ　かい

7. Mrs. Tanaka

た　なか　ふ　じん ＝ た　なか さんの おく さん

8. Prof. Yamamoto's pupil

やま　もと　せん　せい の で　し

9. my father's friend

ちち の ゆう　じん

10. main language

おも な げん　ご

11. mother country

ぼ　こく

12. mother tongue

ぼ　こく　ご

ユニット3 ・・・・・・・・・・・・・・・・・・・・・ 読み物（Reading Material）

＜メール＞

You have received several emails from Japanese students wanting a penpal. The picture below was attached to one of emails. Read the emails and find whose picture it is. Then draw a family tree for each email. See p.135 for an example.

A
Sub 友だちになってください

はじめまして。
私は山田道子、大学1年生です。
父と母と妹といっしょにすんでいます。
父は大学の先生です。妹は高校生で、
テニスが大好きです。
私もテニスが好きです。
お友だちになってくださいませんか。

B
Sub 友だちになってください

私は高校2年の女の子です。
母と姉夫妻といっしょにすんでいます。
父は2年前になくなりました。
今英語をべんきょうしていますが、
まだ下手ですから、日本語でおねがい
します。

C
Sub 友だちになってください

こんにちは。ぼくは中学3年生で、
学校のテニスクラブにいます。
父は今、米国にいますから、家には
母と兄と姉とぼくの4人だけです。
英語でメールを書きたいです。
どうぞよろしく。

D
Sub 友だちになってください

私は専門学校の学生です。
妹と2人ですんでいます。
先週、友人とそのご主人があそびに
来て、このしゃしんをとりました。
この友人と私はテニスの友だちですが、
ご主人は静かな人でテニスはしません。

＊専門学校 technical school
せんもんがっこう

||||||||||||||||||||||||||||| **ふくしゅう** |||||||||||||||||||||||||||||

Review Lesson 11-15

N: 油　酒　ご飯　薬　歌　国　海　道　家　お宅

店　寺　(学)校　(教)室　(本)屋　時計　英語

電(車)　荷(物)　病(気)　今　雲　雪　(一)度

(一)回　客　友　父　母　兄　弟　姉　妹

夫　妻　彼　主(人)　奥さん

A: 広い　痛い　青い　近い　遠い　速い　遅い

静かな

V: 作る　言う　泳ぐ　待つ　会う　売る　疲れる

開ける　閉める　回る　困る　持つ　晴れる

(60字)

I. ただしい漢字をえらびなさい。

1. この(a. 時計　b. 持計)は新しいです。

2. 友だちの家で日本の(a. 油　b. 酒)を飲みました。

3. きのう国に(a. 電語　b. 電話)をかけました。

4. (a. 病気　b. 疲気)で、あたまが痛いです。

5. 子どもの(a. 学校　b. 字校)の先生に会いました。

6. 日本語の(a. 新開　b. 新聞)を読みます。

7. 石田さんはよく(a. 休む　b. 体む)から、困ります。

8. このお寺はいつも(a. 晴か　b. 静か)です。

9. 十二月に (a. 雪　b. 雲) がふります。

10. (a. 花室　b. 花屋) で高い花を買いました。

11. (a. 姉　b. 妹) は私より年が2つ上です。

12. 何時に (a. 夕飲　b. 夕飯) を食べますか。

Ⅱ. つぎの＿＿＿＿に下の〰〰〰の動詞を適当な形にして入れなさい。
てきとう　　かたち

| 作ります | 持ちます | 待ちます | 会います | 売ります |
| 困ります | 疲れます | 言います | 閉めます | 泳ぎます |

1. きのう本屋で先生に＿＿＿＿＿＿＿＿ました。

2. 母はりょうりを＿＿＿＿＿＿＿＿ています。

3. さむいから、まどを＿＿＿＿＿＿＿＿ましょう。

4. 英語がよく分からないから、＿＿＿＿＿＿＿＿ます。

5. もう一度ゆっくり＿＿＿＿＿＿＿＿てください。

6. 大きい荷物を＿＿＿＿＿＿＿＿ていますね。

7. 一日中、海で＿＿＿＿＿＿＿＿ましたから、とても＿＿＿＿＿＿＿＿ました。

8. あの店で安い肉を＿＿＿＿＿＿＿＿ています。

9. すみませんが、30分ぐらい＿＿＿＿＿＿＿＿てください。

［1課から15課までの漢字部首リスト］

<へん>

亻	：何 休 体 作

氵	：油 酒 海 泳

日	：明 暗 晩 時 晴 曜

飠	：飲 飯

女	：好 姉 妹

扌	：持

木	：林 森 校

禾	：私

彳	：行 後 待 彼

牜	：物

言	：読 話 語 計

矢	：短

火	：畑

<かんむり>

艹	：花 茶 薬 英 荷

宀	：字 安 家 宅 客 室

𠆢	：食 今 会

雨	：電 雲 雪

亠	：文 高 夜 方 主

𭕄	：学

<あし>

儿	：先 見 売 兄

力	：男

貝	：買

女	：妻

<つくり>

斤	：新 近

欠	：飲 歌

寺	：時 持 待

攵	：教

月	：朝

<たれ>

广	：広 店 度

疒	：病 疲 痛

尸	：屋

<にょう>

辶	：週 近 遠 速 遅 道

<かまえ>

冂	：円 肉

門	：門 間 聞 開 閉

囗	：回 国 困

第 16 課
だい か

ユニット 1 ································· 漢字の話

形容詞の漢字 -2- （Adjectives -2-）
けいようし

There are two types of adjectives in Japanese. One type ends with -い（cf. L8) and another type ends with -な when they modify nouns.

The -な ending adjectives can be divided into five groups as follows.

1. Hiragana + な : きれいな　　にぎやかな　　すてきな

2. Katakana + な : スマートな　　ハンサムな　　リッチな
                     smart   handsome   rich

3. One kanji + Hiragana + な : 静かな　　好きな　　明らかな
                               しず　　　す　　　　あき

4. Two kanji + な : 元気な　　有名な　　親切な
                    げんき　　ゆうめい　　しんせつ

                    便利な　　不便な　　必要な
                    べんり　　ふべん　　ひつよう

                    上手な　　下手な　　大切な
                    じょうず　　へた　　たいせつ

5. Prefix + Two kanji + な : 不親切な　　不必要な　　不自由な
                             ふしんせつ　　ふひつよう　　ふじゆう

The Hiragana endings change as follows.

Present affirmative	: 静かです	親切です
	quiet	kind
Present negative	: 静かではありません	親切ではありません
	（じゃ）	（じゃ）
Past affirmative	: 静かでした	親切でした
Past negative	: 静かではありませんでした	親切ではありませんでした
	（じゃ）	（じゃ）

Adjective + Noun	：	静かな部屋 quiet room	親切な先生 kind teacher
		静かではない部屋	親切ではない先生
		静かだった部屋	親切だった先生
		静かではなかった部屋	親切ではなかった先生
Adjective + Verb (= adverbial form)	：	静かに話す to speak quietly	親切に教える to teach kindly
Adjective + Adjective	：	静かで明るい quiet and bright	親切でやさしい kind and gentle

You can make -な adjectives by adding -な to the English adjectives as follows.

ハンサム (handsome) な

スマート (smart) な

リッチ (rich) な

デラックス (deluxe) な

[れんしゅう] Guess the meaning of the following adjectives.

1. ソフトな   _____

2. ビッグな   _____

3. カラフルな _____

4. ヘルシーな _____

ユニット 2 ·············· 第 16 課のきほん漢字 （Basic Kanji）

2-1 漢字の書き方

漢字	いみ	くんよみ	オンヨミ	（かくすう）
170 元	origin base former	（もと）	ゲン ガン	（4）

一 二 テ 元

元気（げん・き）な healthy, fine   元（もと）〜 former 〜

元日（がん・じつ）New Year's Day   元学長（もと・がく・ちょう） former (university) president

171 気	spirit, mind intention air		キ	（6）

ノ 气 气 気 気 気

気持（き・も）ち feeling   気分（き・ぶん）mood

天気（てん・き）the weather   病気（びょう・き）illness, disease

172 有	have exist		ユウ	（6）

ノ ナ 才 有 有 有

有力（ゆう・りょく）な strong, influential   所有（しょ・ゆう）する to possess

有名（ゆう・めい）な famous

漢字	いみ	くんよみ	オンヨミ	（かくすう）

173 名

name, famous members

な

メイ

(6)

ノ　ク　タ　タ　名　名

名前（な・まえ）name　　名所（めい・しょ）famous sights

名古屋（な・ご・や）Nagoya　　名物（めい・ぶつ）local specialities

174 親

parent
intimate

おや
した-しい

シン

(16)

丶　亠　立　立　辛　辛　亲　亲　亲　親　親

親（おや）parent　　親（した）しい intimate, familiar

父親（ちち・おや）father　　親切（しん・せつ）な kind

175 切

cut
end

き-る／きっ-

セツ

(4)

一　七　切　切

切（き）る to cut　　切手（きっ・て）postage stamp

切符（きっ・ぷ）ticket　　大切（たい・せつ）な important

176 便

convenience
mail
transport

ベン
ビン

(9)

ノ　イ　仁　仁　仴　佢　佢　便　便

航空便（こう・くう・びん）air mail　　便利（べん・り）な convenient

宅配便（たく・はい・びん）home delivery service　　便所（べん・じょ）toilet

漢字	いみ	くんよみ	オンヨミ	（かくすう）

177 利 profit / advantage — リ （7）

丿 二 千 禾 禾 利 利

便利（べん・り）な convenient　　　有利（ゆう・り）な advantageous
利子（り・し）(bank) interest　　　利用（り・よう）する to use

178 不 un- / not — フ （4）

一 ア 不 不

不便（ふ・べん）な inconvenient　　　不安（ふ・あん）な uneasy, anxious
不足（ふ・そく）する to lack　　　不親切（ふ・しん・せつ）な unkind

179 若 young わか-い （8）

一 十 世 サ 芋 芋 若 若

若（わか）い young　　　若者（わか・もの）young person
若（わか）さ youthfulness

180 早 early はや-い ソウ （6）

丿 口 日 旦 旦 早

早（はや）い early　　　早朝（そう・ちょう）early morning
早（はや）く early

151

漢字		いみ	くんよみ		オンヨミ	（かくすう）

181

忙　busy　　いそが‐しい　　ボウ　　（6）

、　ハ　忄　忄゙　忙　忙

忙（いそが）しい　busy

多忙（た・ぼう）な　very busy

2-2　読みれんしゅう

Ⅰ．つぎの漢字の読み方をひらがなで書きなさい。

1. 親　　2. 名前　　3. 若い　　4. 早い　　5. 忙しい

6. 元気な男の子　　7. 親切な先生　　8. 有名なお寺

9. 便利な車　　10. 不便な電車

Ⅱ．つぎの文を読んでみましょう。

1. この花の名前は何ですか。

2. 先週は病気で学校を休みましたが、今週は少し気分がいいです。

　来週は元気になるでしょう。

3. 午前中はお客が多いから、忙しいです。

4. 名古屋の有名なケーキの店へ行きました。

　店の人はとても親切でした。

5. この歌は若い人に人気があります。 This song is popular among young people.

6. 朝早くおきて、静かなところへ行きました。 I got up early in the morning and went somewhere quiet.

7. この切手は弟の大切なものです。 These stamps are precious to my younger brother.

8. 私の家は広いですが、大学から遠いから、少し不便です。

9. 彼の父親と母親は、まだ若くて元気です。

2-3 書きれんしゅう ··

Ⅰ. つぎの□に適当な漢字を書きなさい。
てきとう

1. healthy

□□ な
げん　き

2. famous

□□ な
ゆう　めい

3. kind

□□ な
しん　せつ

4. unkind

□□□ な
ふ　しん　せつ

5. convenient

□□ な
べん　り

6. inconvenient

□□ な
ふ　べん

7. young

□ い
わか

8. busy

□ しい
いそが

9. early

□ い
はや

10. illness

□□
びょう　き

11. Nagoya

□□□
な　ご　や

12. name

□□
な　まえ

Ⅱ. ことばの意味_{いみ}をかんがえて、適当_{てきとう}な漢字を書いてみましょう。

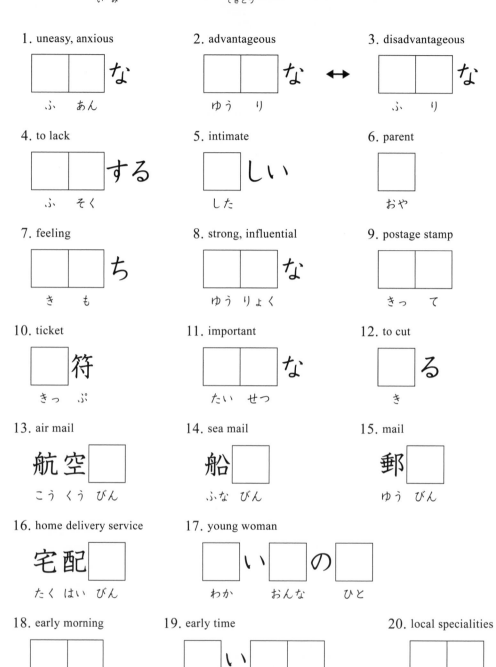

1. uneasy, anxious

□□な
ふ あん

2. advantageous

□□な ↔
ゆう り

3. disadvantageous

□□な
ふ り

4. to lack

□□する
ふ そく

5. intimate

□しい
した

6. parent

□
おや

7. feeling

□□ち
き も

8. strong, influential

□□な
ゆう りょく

9. postage stamp

□□
きっ て

10. ticket

□符
きっ ぷ

11. important

□□な
たい せつ

12. to cut

□る
き

13. air mail

航空□
こう くう びん

14. sea mail

船□
ふな びん

15. mail

郵□
ゆう びん

16. home delivery service

宅配□
たく はい びん

17. young woman

□い□の□
わか おんな ひと

18. early morning

□□
そう ちょう

19. early time

□い□□
はや じ かん

20. local specialities

□□
めい ぶつ

154

ユニット3 ••• 読み物

＜しごとは、何ですか。＞

Various people have written about their jobs. Read the following passages and guess what each job is. Choose from the box below.

> 1. 先生　　2. 医者　　3. 花屋　　4. 魚屋　　5. 本屋　　6. 酒屋
> いしゃ
> 7. 歌手　　8. 運転手　　9. ウエートレス　　10. ガイド
> うんてんしゅ

A：私の店には昼ご飯と晩ご飯の時間にたくさんお客が来て、とても忙しいです。りょうりがおいしくて、有名な店です。いつもたっていますから、とても疲れます。

B：私はおんがくが好きで、歌が上手です。たくさんの人の前で歌います。古い歌も新しい歌もよく歌います。

C：私のところには病気の人が来ます。遠くからもたくさん来ます。私はその人たちを見て、薬をあげます。

D：私のところにはよく学生が来ます。学校の近くですから、夕方、学生がたくさん買いに来ます。でも、ときどき買わないで読んでいますから、困ります。

E：私の店には若い女の人がたくさん買いに来ます。そして、友だちのたんじょう日やパーティーのプレゼントを買って、持って行きます。とてもきれいですから、私も大好きです。

F：私は子どもたちに教えています。朝8時から午後3時ごろまで学校ではたらきます。そして、家に帰って夜遅くまで本を読みます。

G：私は朝早くから夜遅くまでタクシーにのっています。朝は元気ですから、しごとが好きですが、夜は疲れていますから、あまり好きではありません。夜のお客はたいていお酒を飲んでいますから、たいへんです。

＊ Adverbs of frequency：いつも　always　　　　よく　often

ときどき　sometimes　　たいてい　in most cases

しっていますか できますか

＜病院で (In a Hospital) ＞

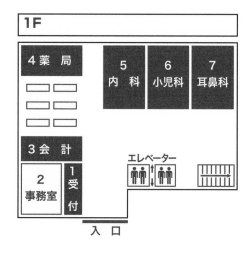

1F

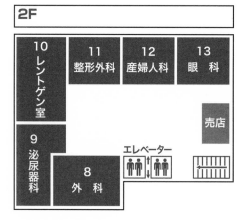

2F

1. 受付 reception desk
2. 事務室 office
3. 会計 accountant
4. 薬局 pharmacy
5. 内科 internal medicine department
6. 小児科 pediatrics department
7. 耳鼻科 otolaryngology department (ear and nose department)

8. 外科 surgical department
9. 泌尿器科 urology department
10. レントゲン室 X-ray room
11. 整形外科 orthopedics department
12. 産婦人科 obstetrics & gynecology department
13. 眼科 department of ophthalmology

薬

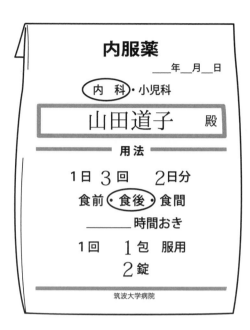

内服薬　medicine for internal use
ないふくやく

〜殿　Mr./Ms. 〜
どの

用法　directions
ようほう

食前　before meals
しょくぜん

食後　after meals
しょく ご

食間　between meals
しょっかん

〜日分　for 〜 day(s)
にちぶん

〜時間おき　every 〜 hour(s)

〜包　〜 packet(s)
つつみ

服用　taking medicine
ふくよう

〜錠　〜 tablet(s), 〜 capsule(s)
じょう

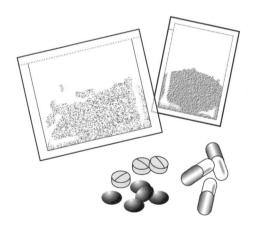

動詞の漢字 -2-　移動をあらわす漢字 （Verbs -2- Movement）
　どうし　　　　いどう

Below are listed verbs which we will study. These verbs express different forms of movement. Each also expresses the direction of motion.

Memorize each of them with the particle given.

〜が＿＿＿に 入ります
　　　　　　　 はい

＿＿＿を 出ます
　　　　 で

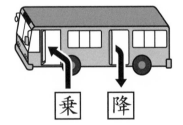

〜が＿＿＿に 乗ります
　　　　　　　 の

＿＿＿を 降ります
　　　　 お

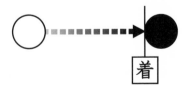

〜が＿＿＿に 着きます
　　　　　　　 つ

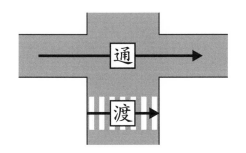

～が＿＿＿＿を 通_{とお}ります

＿＿＿＿を 渡_{わた}ります

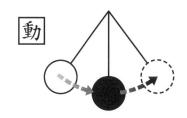

～が 動_{うご}きます

止_とまります

～が＿＿＿＿を 歩_{ある}きます

＿＿＿＿を 走_{はし}ります

ユニット2 ・・・・・・・・・・ 第17課のきほん漢字（Basic Kanji）

2-1 漢字の書き方 ・・

漢字	いみ	くんよみ	オンヨミ	（かくすう）

182

出 | go out / put out | で-る / だ-す | シュツ／シュッ- | （5）

一 十 屮 出 出

出（で）る to go out, to come out　　出口（で・ぐち）exit

出（だ）す to put out, to hand in　　外出（がい・しゅつ）する to go out

183

入 | enter / put in | はい-る / い-れる | ニュウ | （2）

丿 入

入（はい）る to come in, to enter　　入（い）り口（ぐち）＝入口（いり・ぐち）entrance

入（い）れる to put in　　入学（にゅう・がく）する to be admitted (to a school)

184

乗 | ride / get on | の-る / の-せる | ジョウ | （9）

一 二 三 丢 丢 垂 乖 乖 乗

乗（の）る to ride, to take (a vehicle)　　乗客（じょう・きゃく）passenger

乗（の）り物（もの）vehicle　　乗車券（じょう・しゃ・けん）(train) ticket

漢字	いみ	くんよみ	オンヨミ	（かくすう）

185 降 descend

お-りる　ふ-る　　　　コウ
お-ろす　　　　　　　（10）

`ァ` `了` `阝` `阝'` `阝⁄` `阝々` `阡` `降` `降` `降`

降(お)りる　to get off 　　　　降車(こう・しゃ)ホーム　exit platform

降(ふ)る　to fall (rain, snow, etc.)

186 着 arrive / wear

つ-く　　　　　　　チャク
き-る　　　　　　　（12）

`、` `丷` `⳺` `兰` `羊` `羊` `关` `羊` `着` `着` `着`

着(つ)く　to arrive 　　　　着物(き・もの)　kimono

着(き)る　to wear 　　　　到着(とう・ちゃく)する　to arrive

187 渡 cross

わた-る　　　　　　　ト
わた-す　　　　　　　（12）

`、` `氵` `氵` `氵` `沪` `沪` `沪` `沪` `沪` `渡` `渡`

渡(わた)る　to cross 　　　　渡米(と・べい)する　to visit U.S.A.

渡(わた)す　to hand over

188 通 pass / commute

とお-る　かよ-う　　　ツウ
とお-す　　　　　　（10）

`マ` `マ` `マ` `丙` `甬` `甬` `涌` `通` `通`

通(とお)る　to pass 　　　　交通(こう・つう)　traffic

通(かよ)う　to commute 　　　　通学(つう・がく)する　to go to school

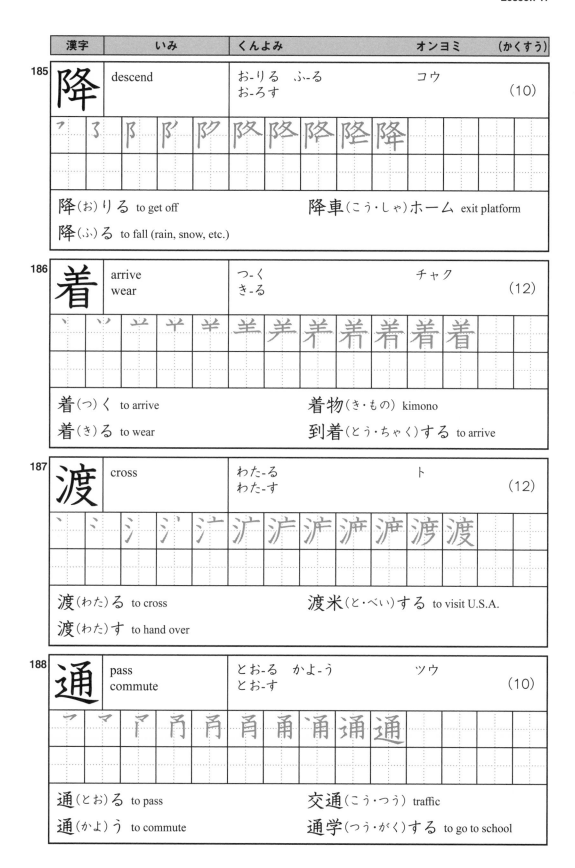

漢字	いみ	くんよみ	オンヨミ	（かくすう）

189 走 run　　はし-る　　ソウ　　(7)

一 十 土 キ キ 走 走

走(はし)る　to run

走者(そう・しゃ)　runner

---

190 歩 walk　　ある-く　　ホ／-ポ　　(8)

１ ト ト 止 歩 歩 歩 歩

歩(ある)く　to walk

歩行者(ほ・こう・しゃ)　pedestrian

歩道(ほ・どう)　footpath, sidewalk

進歩(しん・ぽ)する　to progress

---

191 止 stop　　と-まる / と-める　　シ　　(4)

１ ト ト 止

止(と)まる　to stop

通行止(つう・こう・ど)め　closed to traffic

中止(ちゅう・し)する　to cancel, to stop

禁止(きん・し)する　to prohibit

---

192 動 move　　うご-く / うご-かす　　ドウ　　(11)

一 二 三 亘 亘 亘 車 車 重 動 動

動(うご)く　to move

自動車(じ・どう・しゃ)　car, automobile

行動(こう・どう)する　to act

動物(どう・ぶつ)　animal

漢字	いみ	くんよみ	オンヨミ	(かくすう)

193

働　work　　はたら-く　　　　ドウ　　　　　(13)

ノ　イ　仁　仁　仁　仨　信　信　侮　俥　俥　働　働

働(はたら)く to work　　　労働(ろう・どう) labor

労働者(ろう・どう・しゃ) worker

2-2　読みれんしゅう

Ⅰ. つぎの漢字の読み方をひらがなで書きなさい。

1. 入口から入ります。　　2. 出口から出ます。

3. 車に乗ります。　　4. 電車を降ります。

5. 11 時に家に着きました。　　6. 通りを渡ります。

7. 歩道を歩きます。　　8. 走ります。

9. 電気が止まりました。　　10. コンピューターが動きません。

11. 店で働いています。　　12. 大学に入学します。

Ⅱ. つぎの文を読んでみましょう。

1. 朝から雨が降っています。

2. 手を上げて、タクシーを止めました。

3. 青い着物を着ています。

4. 乗車券をここに入れてください。
　　けん

5. このバスは大学の前を通りますか。

6. この車は時速 150 キロで走ります。

7. かばんを開けて、中から英語の本を出しました。

8. 遠足は雨で中止になりました。 The picnic was cancelled because of the rain.

9. 日曜日にタクシーに乗って、森田さんのお宅へ行きました。

　　近くの花屋の前で降りて、花を買って、それから歩きました。

10. 彼は動物が大好きですから、動物病院で働いています。
　　　　　　　　　　　　　　　　　　　　　いん

2-3 書きれんしゅう

I. つぎの□に適当な漢字を書きなさい。
　　　　　　てきとう

1. to come in

□ に □ る
なか　　はい

2. to go out

外に □ る
そと　　で

3. to arrive at the station

駅に □ く
えき　　つ

4. to cross a street

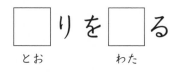
□ りを □ る
とお　　わた

5. to take a bus

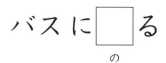
バスに □ る
　　　　の

6. to get off a bus

バスを □ りる
　　　　お

7. A car stops.

□ が □ まる
くるま　と

8. A horse runs.

□ が □ る
うま　　はし

9. to walk along a street

□ を □ く
みち　　ある

10. a person + to move = to work

□ ＋ □ く ＝ □ く
ひと　　うご　　　　はたら

Ⅱ. ことばの意味をかんがえて、適当な漢字を書いてみましょう。
　　　　　　い　み　　　　　　　　　てきとう

1. to pass in front of a book store

□□ の □ を □ る
ほん や　　まえ　　とお

2. animal

□□
どう ぶつ

3. to cancel

□□ する
ちゅう し

4. to wear a swimsuit

□□ を □ る
みず ぎ　　き

5. It rains.

□ が □ る
あめ　　ふ

6. to attend a school

□□ に □ う ＝ □□ する
がっ こう　　かよ　　　つう がく

7. to be admitted (to a school)

□□ する
にゅう がく

8. to attend

□ 席する
しゅっ せき

9. exit

□□ ↔
で ぐち

10. entrance

□□
いり ぐち

11. sidewalk

□□
ほ どう

12. passenger

□□
じょう きゃく

13. (train) ticket

□□ 券
じょう しゃ けん

14. traffic

交 □
こう つう

ユニット3 ・・・・・・・・・・・・・・・・・・・・・・・・・・・・・・・・ **読み物**

<私の大学>

　私の大学は国立大学です。大きくて新しい大学です。学生も先生も多いです。東京から少し遠いですが、大学の中は広くてとても静かです。

　東京駅の南口から高速バスが出ます。このバスはとちゅうで止まりませんから、たいへん速いです。一時間半ぐらいでターミナルに着きます。ターミナルで高速バスを降りて、大学行きのバスに乗ります。十五分ぐらいで大学に着きます。私の研究室は、バス停から歩いて四分ぐらいです。

* 国立 national （こくりつ）　　東京 Tokyo （とうきょう）　　駅 station （えき）
  南口 south gate （みなみぐち）　　高速バス highway bus （こうそく）　　とちゅうで on the way
  ターミナル (bus) terminal　　研究室 professor's office （けんきゅうしつ）
  バス停 bus stop （てい）

[**もんだい**] つぎの中から、ただしいものをえらびなさい。

1.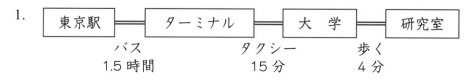

東京駅	ターミナル	大　学	研究室
バス	タクシー	歩く	
1.5 時間	15 分	4 分	

2.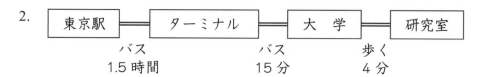

東京駅	ターミナル	大　学	研究室
バス	バス	歩く	
1.5 時間	15 分	4 分	

3.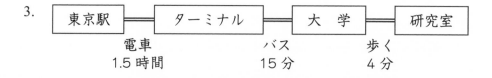

東京駅	ターミナル	大　学	研究室
電車	バス	歩く	
1.5 時間	15 分	4 分	

しっていますか できますか

＜道路標識 (Road Signs)＞
どう ろ ひょうしき

1. 横断歩道　Pedestrian crossing
　おうだん ほ どう

2. 歩行者横断禁止　No crossing for pedestrians
　ほ こうしゃおうだんきんし

3. 自転車通行止め　No passage for bicycle
　じ てんしゃつうこう ど

4. 右折禁止　No right turn
　う せつきんし

5. 左折禁止　No left turn
　さ せつきんし

6. 一時停止　Stop
　いち じ ていし

7. 徐行　Go slow
　じょこう

8. 一方通行　One way only
　いっぽうつうこう

9. 車両進入禁止　No entry
　しゃりょうしんにゅうきんし

10. 駐車禁止　No parking
　ちゅうしゃきんし

［もんだい］つぎの標識（signs）の意味は、何ですか。
　　　　　　ひょうしき
　　　　　上の１〜10の中からえらびなさい。

a.

b.

c.

d.

e.

f.

g.

h.

☆いろいろな標識をさがしてみましょう。
　　　　　ひょうしき

第 18 課
だい　　　　か

位置をあらわす漢字 (Spatial Positions) ・・・・・・・・・・・・・・・・・・・・
いち

Learn the following kanji for "Spatial Positions."

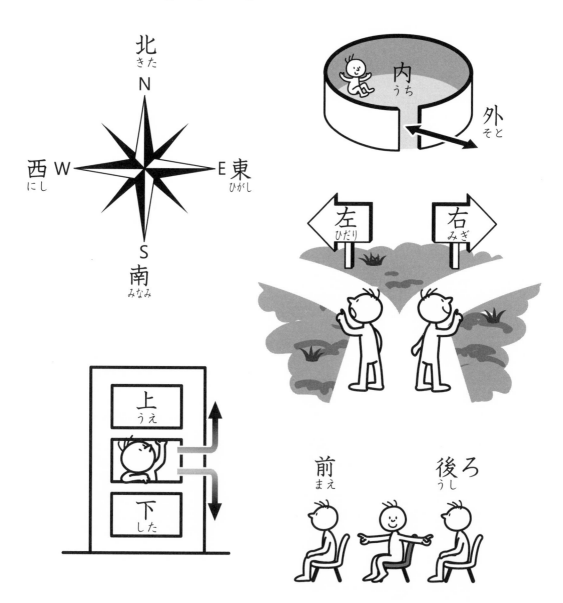

ユニット2 ·············· 第18課のきほん漢字（Basic Kanji）

2-1 漢字の書き方 ···

漢字	いみ	くんよみ	オンヨミ	（かくすう）

194

右 　right

くんよみ　みぎ

オンヨミ　ウ　ユウ　（5）

ノ ナ ナ 右 右

右（みぎ）right

右手（みぎ・て）right hand

右折（う・せつ）する to turn right

左右（さ・ゆう）right and left

195

左 　left

くんよみ　ひだり

オンヨミ　サ　（5）

一 ナ ナ 左 左

左（ひだり）left

左側（ひだり・がわ）the left side

左手（ひだり・て）left hand

左折（さ・せつ）する to turn left

196

東 　east

くんよみ　ひがし

オンヨミ　トウ　（8）

一 ｢ 后 后 百 車 車 東

東（ひがし）East

東口（ひがし・ぐち）east gate

東京（とう・きょう）Tokyo

関東（かん・とう）the Kanto region

漢字	いみ	くんよみ	オンヨミ	（かくすう）
197 西	west	にし	セイ サイ	（6）

一 厂 厈 丙 西 西

西（にし）West　　西洋（せい・よう）the West
西口（にし・ぐち）west gate　　関西（かん・さい）the Kansai region

198 北	north	きた	ホク／ホッ-	（5）

一 十 斗 北 北

北（きた）North　　北米（ほく・べい）North America
北口（きた・ぐち）north gate　　北海道（ほっ・かい・どう）Hokkaido

199 南	south	みなみ	ナン	（9）

一 十 十 丙 丙 两 南 南 南

南（みなみ）South　　南米（なん・べい）South America
南口（みなみ・ぐち）south gate　　南北（なん・ぼく）north and south

200 外	outside other foreign	そと	ガイ ゲ	（5）

ノ ク タ 列 外

外（そと）outside　　外出（がい・しゅつ）する to go out
外国（がい・こく）foreign country　　外科（げ・か）surgery

漢字	いみ	くんよみ	オンヨミ	（かくすう）

201 内　inside　うち　ナイ　（4）

｜　冂　内　内

内側（うち・がわ）inside　　　家内（か・ない）one's own wife

国内（こく・ない）domestic　　内科（ない・か）internal medicine

202 部　department, part section, club　ブ　（11）

丶　亠　立　立　立　咅　咅　咅　咅　部

〜部（ぶ）〜 department, 〜 section, 〜 club　　全部（ぜん・ぶ）all

部分（ぶ・ぶん）part, section　　＊部屋（へや）room

203 駅　station　エキ　（14）

｜　厂　𠃌　厈　厈　馬　馬　馬　馬　馬　駅　駅　駅　駅

駅（えき）station　　　駅員（えき・いん）station employee

駅長（えき・ちょう）stationmaster

204 社　company society shrine　シャ／-ジャ　（7）

丶　ラ　ネ　ネ　ネ　补　社

会社（かい・しゃ）company　　社長（しゃ・ちょう）(company) president

社会（しゃ・かい）society　　神社（じん・じゃ）(Shinto) shrine

漢字		いみ	くんよみ		オンヨミ	（かくすう）

205 院　institution house　　　　　　　　　　　　　　イン　（10）

ゝ　3　阝　阝'　阝'　阝'　阵　阵　阵　阵　院

病院（びょう・いん）hospital　　　　大学院（だい・がく・いん）graduate school
入院（にゅう・いん）する　to be hospitalized

2-2 読みれんしゅう

Ⅰ．つぎの漢字の読み方をひらがなで書きなさい。

1. 右手　　2. 左足　　3. 東南　　4. 東北

5. 外国＝海外　　6. 国内　　7. 駅　　8. 部屋

9. 病院　　10. 会社　　11. 部分　　12. 北海道

Ⅱ．つぎの文を読んでみましょう。

1. 左の目が痛いから病院へ行きます。

2. 駅の前に新しいアパートがあります。

3. 南米や中米から多くの留学生が来ました。
　　　　　　　　　　　　りゅう

4. 左右をよく見て道を渡りましょう。

5. 店内にはいろいろな外国の物があります。

6. 私の会社の近くに病院があります。

7. ふゆは学校の室内プールで泳ぎます。 In the winter, we swim in our school's indoor pool.

8. 大学院で社会学をべんきょうしています。 I am studying sociology in graduate school.

2-3 書きれんしゅう

I. つぎの□に適当な漢字を書きなさい。
てきとう

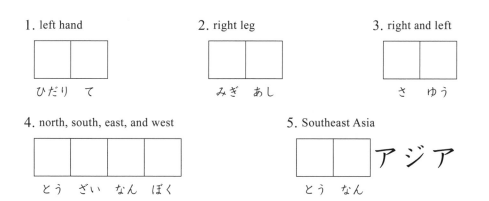

1. right
みぎ

2. left
ひだり

3. outside
側
そと がわ

4. inside
側
うち がわ

5. East
ひがし

6. West
にし

7. South
みなみ

8. North
きた

9. room
へや

10. station
えき

11. company
かい しゃ

12. hospital
びょう いん

II. ことばの意味をかんがえて、適当な漢字を書いてみましょう。
　　 い み　　　　　　　　　 てきとう

1. left hand
ひだり　て

2. right leg
みぎ　あし

3. right and left
さ　ゆう

4. north, south, east, and west
とう　ざい　なん　ぼく

5. Southeast Asia
アジア
とう　なん

6. northeast

☐☐
とう　ほく

7. North America

☐☐
ほく　べい

8. Central America

☐☐
ちゅう　べい

9. South America

☐☐
なん　べい

10. the Kansai and Kanto regions

関☐と関☐
かん　さい　　かん　とう

11. the West and the East

☐洋と☐洋
せい　よう　　とう　よう

12. Hokkaido

☐☐☐
ほっ　かい　どう

13. domestic

☐☐の
こく　ない

14. foreign

☐☐の
がい　こく

15. overseas

☐☐
かい　がい

16. part

☐☐
ぶ　　ぶん

17. the faculty of literature

☐☐☐
ぶん　がく　ぶ

18. tennis club

テニス☐
ぶ

19. newspaper company

☐☐☐
しん　ぶん　しゃ

20. the president of a company

☐☐
しゃ　ちょう

21. graduate school

☐☐☐
だい　がく　いん

22. to be hospitalized

☐☐する
にゅう　いん

ユニット3 ・・・・・・・・・・・・・・・・・・・・・・・・・・・・・・・・・・・・ 読み物

＜漢字を入れてみよう＞

つぎの文を読んで、右下のチャートの □ の中に漢字を入れてください。

　チャートのまん中に「内」、その下に「部」という漢字がありますね。「内」の上に「くに」、「くに」の右に「にほんご」の「ご」という漢字を書いてください。「ご」の右には「うみ」、「うみ」の下には「みち」と書きます。「みち」の下には漢字で上から下へ「なまえ」と書いてください。「内」と「みち」の間に「みず」、その下に「わかる」、「わかる」の下に「えき」という漢字を書きます。「えき」の左は「ながい」という字です。

　チャートのいちばん上の行に左から右へ「びょういん」と書いてください。そして、いちばん下の行にも、左から右へ「かいしゃ」と書きます。「かい」の上には「おしえる」、その右に「はいる」、その上に「いえ」があります。「いえ」と「びょういん」の「いん」の間には、かたかなの「た」を左に「と」を右に書いてください。一つの漢字になります。「いえ」の左に「くち」、その上に「ひと」と書きます。それから、「くに」の上に「でる」、そのとなりに「にし」、おわりに「きた」と書いてください。

　さて、全部できましたか。こたえは、178ページにありますから、見てください。

　＊〜という漢字 the kanji, that is 〜　　　　行 line　　　　　　　　さて、Now, Then
　　全部 all　　　　　　　　　　　　　　　　ページ page

[もんだい]　できたチャートの中に漢字２字、または、３字のことばがいくつありますか。上から下、または、左から右に読みます。ex. 病院

しっていますか できますか

＜部屋さがし (Room for Rent) ＞

　西田さんと北川さんの２人は部屋をさがしています。下の情報雑誌（an informational magazine）を見て、２人にいい部屋をさがしてください。

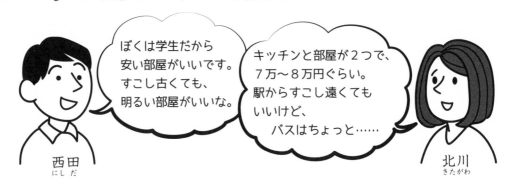

西田さん：ぼくは学生だから安い部屋がいいです。すこし古くても、明るい部屋がいいな。

西田
にしだ

北川さん：キッチンと部屋が２つで、７万〜８万円ぐらい。駅からすこし遠くてもいいけど、バスはちょっと……

北川
きたがわ

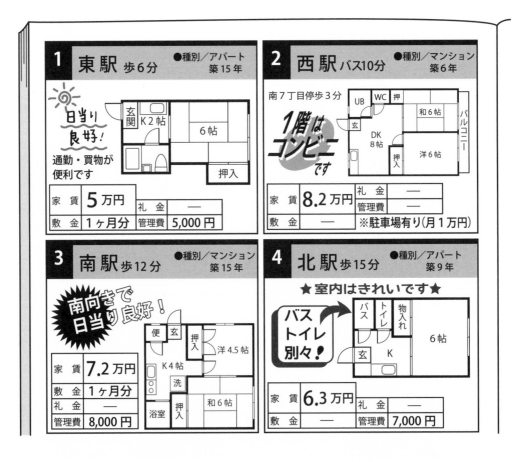

役に立つことば (Useful words)
やく た

マンション	mid- to upper- range apartment
アパート	apartment
歩 12 分＝歩いて 12 分	12 minutes on foot.
築 6 年 ちく	6 years old
家賃 や ちん	rent
敷金 しききん	deposit
礼金 れいきん	key money
管理費 かん り ひ	administration fee
日当り良好 ひ あた りょうこう	sunny
〜帖 じょう	tatami mat
玄＝玄関 げんかん	the front door
浴室＝バス よくしつ	bath room
便＝便所＝トイレ べんじょ	lavatory
押入・物入 おしいれ ものいれ	built-in closet
K＝台所 だいどころ	kitchen
DK	dining kitchen area
UB	unit bath

[もんだい]　上のことばを使って、あなたのすんでいるところを説明しましょう。
つか せつめい

_____

_____

_____

_____

＜読み物のこたえ＞

病	院	出	西	北
人	外	国	語	海
口	家	内	水	道
教	入	部	分	名
会	社	長	駅	前

＜もんだいのこたえ＞

いちばん上の行（左→右）　1.病院　　2.（西北）
　　　　2行目　　　　　　　3.外国　　4.（国語）　5.外国語
　　　　3行目　　　　　　　6.家内　　7.水道
　　　　4行目　　　　　　　8.（入部）　9.部分
　　　　5行目　　　　　　　10.会社　　11.社長　　12.駅前

いちばん右の行（上→下）13.北海道　14.名前
　　　　2行目　　　　　　15.（水分）
　　　　3行目　　　　　　16.（出国）　17.国内　18.内部　19.部長
　　　　4行目　　　　　　20.（入社）
　　　　5行目　　　　　　21.病人　22.人口　23.教会

全部で、23あります。（　　）のことばはこのテキストではまだ勉強して
いません。いくつ分かりましたか。

第 19 課
だい か

接辞の漢字 -1- （Prefixes and Suffixes -1-）
せつじ

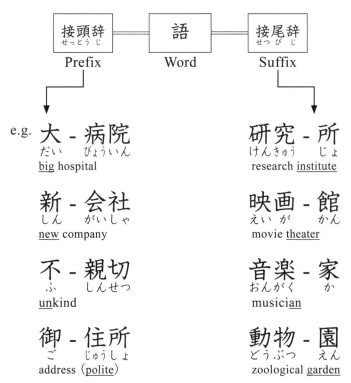

接頭辞	語	接尾辞
せっとうじ		せつびじ
Prefix	Word	Suffix

e.g. 大 - 病院
だい びょういん
big hospital

研究 - 所
けんきゅう じょ
research institute

新 - 会社
しん がいしゃ
new company

映画 - 館
えい が かん
movie theater

不 - 親切
ふ しんせつ
unkind

音楽 - 家
おんがく か
musician

御 - 住所
ご じゅうしょ
address（polite）

動物 - 園
どうぶつ えん
zoological garden

[もんだい]　Divide the following words into meaningful units.

e.g. 動物園 ＝ 動物 ＋ 園　　zoological garden
　　　　　　　animal　garden

1. 図書館 ＝

2. 新聞社 ＝

3. 不人気 ＝

4. 古本屋 ＝

5. 古新聞 ＝

6. 中国語 ＝

179

◆ **場所をあらわす漢字** (Kanji for Places)

- 所 (ショ／ジョ)：　研究所 （けんきゅうじょ）　　research institute
　　　　　　　　　　　　停留所 （ていりゅうじょ）　　stop
　　　　　　　　　　　　案内所 （あんないしょ）　　　information desk
　　　　　　　　　　　　事務所 （じむしょ）　　　　　office

- 場 (ジョウ／ば)：　運動場 （うんどうじょう）　　playground
　　　　　　　　　　　　野球場 （やきゅうじょう）　　baseball ground
　　　　　　　　　　　　駐車場 （ちゅうしゃじょう）　parking lot
　　　　　　　　　　　　仕事場 （しごとば）　　　　　workplace
　　　　　　　　　　　　売り場 （うりば）　　　　　　sales counter

- 館 (カン)：　　　　図書館 （としょかん）　　　library
　　　　　　　　　　　　体育館 （たいいくかん）　　　gymnasium
　　　　　　　　　　　　映画館 （えいがかん）　　　　movie theater
　　　　　　　　　　　　大使館 （たいしかん）　　　　embassy
　　　　　　　　　　　　博物館 （はくぶつかん）　　　museum

- 室 (シツ)：　　　　図書室 （としょしつ）　　　library
　　　　　　　　　　　　事務室 （じむしつ）　　　　　office
　　　　　　　　　　　　研究室 （けんきゅうしつ）　　professor's office
　　　　　　　　　　　　実験室 （じっけんしつ）　　　laboratory

- 地 (チ)：　　　　　行楽地 （こうらくち）　　　holiday resort
　　　　　　　　　　　　住宅地 （じゅうたくち）　　　residential area
　　　　　　　　　　　　観光地 （かんこうち）　　　　tourist destination
　　　　　　　　　　　　植民地 （しょくみんち）　　　colony

- 園 (エン)：　　　　動物園 （どうぶつえん）　　zoo
　　　　　　　　　　　　植物園 （しょくぶつえん）　　botanical garden

- 社 (シャ)：　　　　新聞社 （しんぶんしゃ）　　newspaper company
　　　　　　　　　　　　旅行社 （りょこうしゃ）　　　travel agency

ユニット2 ‥‥‥‥‥ 第 19 課のきほん漢字（Basic Kanji）

2-1 漢字の書き方

漢字	いみ	くんよみ	オンヨミ	（かくすう）

206

地　ground place

ジ チ　(6)

一 十 土 圸 地 地

地下（ち・か）underground 　 地方（ち・ほう）region, district, rural province

土地（と・ち）land 　 地震（じ・しん）earthquake

207

鉄　iron

テツ　(13)

丿 𠂉 𠂆 𠂉 牟 牟 金 金 金 釒 釒 鉄 鉄

鉄（てつ）iron 　 地下鉄（ち・か・てつ）subway

鉄道（てつ・どう）railroad 　 私鉄（し・てつ）private railroad

208

工　craft construction

コウ　(3)

一 丁 工

工場（こう・じょう）factory 　 工事（こう・じ）construction (work)

工学（こう・がく）engineering 　 工業（こう・ぎょう）industry

漢字	いみ	くんよみ	オンヨミ	（かくすう）

209 場 place / scene　　ば　　ジョウ　（12）

一 十 土 圫 圫 坦 坦 坦 圬 場 場 場

場所（ば・しょ）place, location　　広場（ひろ・ば）(public) square

場合（ば・あい）case　　運動場（うん・どう・じょう）playground

210 図 drawing / devise　　ズ ト　（7）

一 冂 冂 冈 図 図 図

地図（ち・ず）map　　図書（と・しょ）books

天気図（てん・き・ず）weather map

211 館 (large) building / hall　　カン　（16）

丿 𠆢 𠆢 今 今 今 食 食 食 食 飣 飣 飣 飣

館 館

図書館（と・しょ・かん）library　　大使館（たい・し・かん）embassy

映画館（えい・が・かん）movie theater

212 公 public / official　　コウ　（4）

丿 八 公 公

公園（こう・えん）park　　公立（こう・りつ）public

公開（こう・かい）する to open (to the public)

漢字	いみ	くんよみ	オンヨミ	（かくすう）

213 園 garden　　エン　（13）

```
一 冂 冃 冈 冊 虿 虿 虿 虿 园 园 園 園
```

公園(こう・えん) park　　　動物園(どう・ぶつ・えん) zoo

遊園地(ゆう・えん・ち) amusement park

214 住 live　す-む　ジュウ　（7）

```
ノ イ 亻 仁 仁 住 住
```

住(す)む to live　　　　住民(じゅう・みん) resident

住所(じゅう・しょ) address　　住宅(じゅう・たく) house

215 所 place　ところ　ショ／-ジョ　（8）

```
一 ラ ヨ 戸 戸 所 所 所
```

所(ところ) place　　　　事務所(じ・む・しょ) office

台所(だい・どころ) kitchen　　研究所(けん・きゅう・じょ) research institute

216 番 order watch　バン　（12）

```
一 ン 宀 立 平 釆 釆 釆 番 番 番 番
```

番号(ばん・ごう) number　　　交番(こう・ばん) police box

番組(ばん・ぐみ) (TV) program　　一番(いち・ばん) the most, No.1

漢字	いみ	くんよみ	オンヨミ	（かくすう）

217

号　number / signal / sign

オンヨミ　ゴウ　（5）

｜　口　口　므　号

記号（き・ごう）sign, symbol　　　信号（しん・ごう）traffic light, signal
電話番号（でん・わ・ばん・ごう）telephone number

2-2　読みれんしゅう

Ⅰ．つぎの漢字の読み方をひらがなで書きなさい。

1. 地下鉄　　2. 工場　　3. 場所　　4. 公園

5. 図書館　　6. 住所　　7. 番号　　8. 住む

9. 動物園　　10. 地方

Ⅱ．つぎの文を読んでみましょう。

1. ここにあなたの名前と住所、電話番号を書いてください。

2. 地図を見てください。いろいろな記号（き）があります。

　「文」は学校、「☼」は工場、「⊞」は病院、「卍」はお寺です。

3. 友だちは私鉄の駅の近くの住宅地に住んでいます。

4. 西川さんの新しい住所は「朝日３丁目（ちょう）１番地 101 号」です。

5. 米国（し）の大使館の前に交番（こう）があります。

6. 彼は台所でテレビのりょうり番組を見ています。
   だい   ぐみ

2-3 書きれんしゅう ••

Ⅰ. つぎの□に適当な漢字を書きなさい。
         てきとう

1. subway

ち　か　てつ

2. land

と　　ち

3. railroad

てつ　どう

4. factory

こう　じょう

5. park

こう　えん

6. library

と　しょ　かん

7. place

ば　しょ

8. address

じゅう　しょ

9. number

ばん　ごう

10. map

ち　　ず

Ⅱ. ことばの意味をかんがえて、適当な漢字を書いてみましょう。
         い　み   てきとう

1. to live near a park

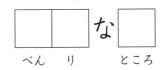
こう　えん　　ちか　　　す

2. house

じゅう　たく

3. resident

民
じゅう　みん

4. convenient place

□□な□
べん　り　ところ

5. (house) number

□□
ばん　ち

6. quiet place

☐ か な ☐ ☐
しず　　　ば しょ

7. Room No.1

1 ☐ ☐
いち ご う し つ

8. sales counter

☐ り ☐
う　　ば

9. parking lot

駐 ☐ ☐
ちゅう しゃ じょう

10. embassy

☐ 使 ☐
たい　し　かん

11. movie theater

映 画 ☐
えい が かん

12. research institute

研 究 ☐
けんきゅう じょ

13. zoo

☐ ☐ ☐
どう ぶつ えん

14. Tsukuba Academic City

筑 波 ☐ ☐ 都 市
つく ば がく えん と し

15. neighbor

☐ ☐ の ☐
きん じょ　　ひと

16. the square in front of a station

☐ ☐ ☐ ☐
えき まえ ひろ ば

17. traffic light

信 ☐
しん ごう

18. telephone number

☐ ☐ ☐ ☐
でん わ ばん ごう

19. industry

☐ 業
こう ぎょう

20. construction (work)

☐ 事
こう じ

21. weather map

天 ☐ ☐
てん き ず

22. public school

☐ 立 ☐ ☐
こう りつ がっ こう

23. extension course

☐ ☐ 講 座
こう かい こう ざ

ユニット3 ‥‥‥‥‥‥‥‥‥‥‥‥‥‥‥‥‥‥‥ 読み物

<手紙>
てがみ
つぎの手紙を読んで、田中さんの新しい家を地図で見つけましょう。
てがみ

> 　ラオさん、お元気ですか。毎日雨が降って、さむいですね。さて、私は先週の水曜日に新しい家にひっこしました*。新しい家は地下鉄の駅から歩いて10分ぐらいで、便利な所にあります。駅の近くには大きいデパートやいろいろな店がありますから、何でも買うことができます。私の家のそばには公園があって、木がたくさんあります。静かな住宅地で、朝早く小鳥の歌を聞くこともできます。でも、公園の前に小学校がありますから、朝8時半ごろと夕方4時ごろには子どもがたくさん家の近くを通って、あまり静かではありません。
> 　ところで、今公園の花がとてもきれいです。今度の日曜日にあそびに来ませんか。いっしょに公園をさんぽして、昼ご飯を食べましょう。新しい電話番号は、03(3×××)5697ですから、夜電話してください。待っています。では、お元気で。さようなら。
>
> 　　　　　　　　　　　　　　　　　　　　　田中　道子

＊ひっこす　to move

【地図】

しっていますか できますか

＜地図と記号 (Reading a Map) ＞
きごう

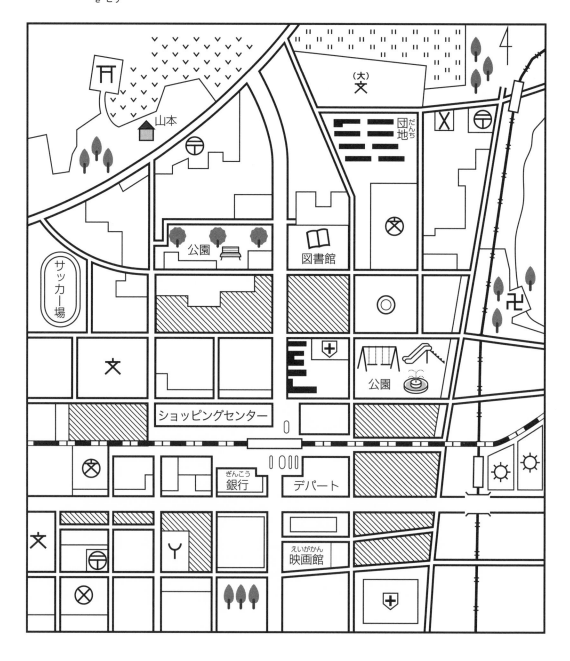

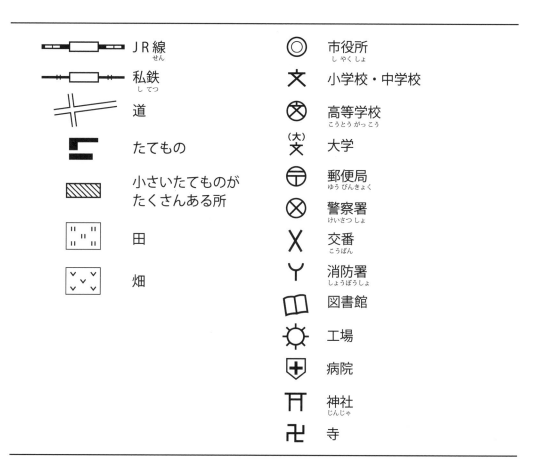

━━	JR線 <small>せん</small>
━━	私鉄 <small>してつ</small>
╬	道
▉	たてもの
▨	小さいたてものが たくさんある所
▦	田
▦	畑

◎	市役所 <small>しやくしょ</small>
文	小学校・中学校
⊗	高等学校 <small>こうとうがっこう</small>
(大)文	大学
⊖	郵便局 <small>ゆうびんきょく</small>
⊗	警察署 <small>けいさつしょ</small>
X	交番 <small>こうばん</small>
Y	消防署 <small>しょうぼうしょ</small>
📖	図書館
☼	工場
⊞	病院
开	神社 <small>じんじゃ</small>
卍	寺

[もんだい]

1. 小学校、中学校はいくつありますか。 ＿＿＿＿＿＿＿＿＿＿

2. 市役所の北に何がありますか。 ＿＿＿＿＿＿＿＿＿＿
<small>しやくしょ</small>

3. 図書館の西に何がありますか。 ＿＿＿＿＿＿＿＿＿＿

4. 大きい病院はJRの駅の北にありますか、南にありますか。 ＿＿＿＿

5. 山本さんの家のそばに何がありますか。 ＿＿＿＿＿＿＿＿＿＿

第 20 課
だい か

ユニット1 ・・・・・・・・・・・・・・・・・・・・・・・・・・・ 漢字の話

行政区分をあらわす漢字（Administrative Divisions）
ぎょうせい く ぶん

1都　　1道　　2府
と　　　 どう　　 ふ
東京都　北海道　大阪府
　　　　　　　　京都府
├─　　　├─　　　├─
区　　　区　　　区

43 県
けん
├─
市
├─
町
├─
村

◆区分1

北海道

本州
ほんしゅう
四国
しこく
九州
きゅうしゅう

◆区分2

北海道地方 ほっかいどう	北海道 ほっかいどう				
東北地方	1. 青森県 あおもり	2. 岩手県 いわて	3. 秋田県 あきた	4. 山形県 やまがた	5. 宮城県 みやぎ
	6. 福島県 ふくしま				
関東地方 かんとう	7. 茨城県 いばらき	8. 栃木県 とちぎ	9. 群馬県 ぐんま	10. 埼玉県 さいたま	11. 千葉県 ちば
	12. 神奈川県 かながわ	東京都 とうきょうと			
中部地方 ちゅうぶ	13. 新潟県 にいがた	14. 山梨県 やまなし	15. 長野県 ながの	16. 岐阜県 ぎふ	17. 静岡県 しずおか
	18. 愛知県 あいち	19. 富山県 とやま	20. 石川県 いしかわ	21. 福井県 ふくい	
近畿地方 きんき	22. 三重県 みえ	23. 滋賀県 しが	24. 兵庫県 ひょうご	25. 奈良県 なら	26. 和歌山県 わかやま
	京都府 きょうとふ	大阪府 おおさかふ			
中国地方	27. 鳥取県 とっとり	28. 島根県 しまね	29. 岡山県 おかやま	30. 広島県 ひろしま	31. 山口県 やまぐち
四国地方	32. 香川県 かがわ	33. 徳島県 とくしま	34. 愛媛県 えひめ	35. 高知県 こうち	
九州地方	36. 福岡県 ふくおか	37. 佐賀県 さが	38. 長崎県 ながさき	39. 熊本県 くまもと	40. 大分県 おおいた
	41. 宮崎県 みやざき	42. 鹿児島県 かごしま	43. 沖縄県 おきなわ		

ユニット 2 ・・・・・・・・・・・・ 第 20 課のきほん漢字（Basic Kanji）

2-1 漢字の書き方

漢字	いみ	くんよみ	オンヨミ	（かくすう）
218 市	city market	いち	シ	(5)

`' 一 亠 市 市`

市（し）city　　市長（し・ちょう）mayor
市民（し・みん）citizen　　市場（いち・ば／し・じょう）market

| 219 町 | town | まち | チョウ | (7) |

`丨 口 冂 田 田 町 町`

町（まち）town　　町長（ちょう・ちょう）(town) mayor
下町（した・まち）downtown, the old town

| 220 村 | village | むら | ソン | (7) |

`一 十 オ 木 木 村 村`

村（むら）village　　農村（のう・そん）farming village
村役場（むら・やく・ば）village office

漢字	いみ	くんよみ	オンヨミ	(かくすう)

221 区
division
section, ward

ク (4)

一 フ ヌ 区

区(く) city ward
区役所(く・やく・しょ) ward office

区別(く・べつ)する to distinguish
地区(ち・く) district

222 都
capital
Tokyo

ト (11)

一 十 土 耂 者 者 者 者 者² 都² 都

都市(と・し) big city
東京都(とう・きょう・と) Tokyo (metropolis)

都会(と・かい) urban area

223 府
prefecture
agency

フ (8)

一 广 广 广 府 府 府 府

大阪府(おお・さか・ふ) Osaka Prefecture
政府(せい・ふ) the government

京都府(きょう・と・ふ) Kyoto Prefecture

224 県
prefecture

ケン (9)

丨 冂 冂 目 目 県 県 県 県

県(けん) prefecture
県庁(けん・ちょう) prefectural office

県知事(けん・ち・じ) prefectural governor

漢字	いみ	くんよみ	オンヨミ	（かくすう）

225

島　island　　　　しま　　　　　　　　トウ　　　　（10）

｀ ｲ ｆ 户 白 臽 鸟 鸟 島 島

島（しま）island　　　　　半島（はん・とう）peninsula

島国（しま・ぐに）island nation

226

京　capital　　　　　　　　　　　　キョウ　　　　（8）

｀ 一 十 市 古 亨 京 京

東京（とう・きょう）Tokyo　　　　京都（きょう・と）Kyoto

上京（じょう・きょう）する　to go to capital

227

様　appearance
formal title　　　さま　　　　　　　ヨウ　　　　（14）

一 十 才 木 术 术 栏 栏 栏 样 样 样 様 様

～様（さま）Mr./Ms. ~　　　　様子（よう・す）appearance

様々（さま・ざま）な various　　様式（よう・しき）mode, style

2-2 読みれんしゅう ∙∙∙

Ⅰ．つぎの漢字の読み方をひらがなで書きなさい。

1. 市　　2. 区　　3. 町　　4. 村　　5. 島

6. 田中様　　7. 東京都　　8. 茨城県つくば市
　　　　　　　　　　　　　　　　　いばら き

9. 京都府　　10. 山口県　　11. 青森県　　12. 半島

Ⅱ．つぎの文を読んでみましょう。

1. 日本は 1 都 1 道 2 府 43 県に区分されている。
　　　　　　　　　　　　　　　　　is divided into 〜

2. 東京都には千代田区、中央区など 23 の区と町田市、府中市
　　　　　　　ち よ だ　　　おう

　など 26 の市がある。

3. 日本は南北に長く、火山の多い島国である。

4. 手紙を出す時は、相手の名前の下に「様」という字を書く。
　　　がみ　　　　　　あい

5. 郵便番号を書けば、都道府県名は書かなくてもよい。
　　ゆう

6. 島村さんは子どもの時から東京の下町に住んでいる。

7. 都会では古い市場をこわして、新しいショッピング・センター

　を作っている。

2-3 書きれんしゅう

Ⅰ．つぎの□に適当な漢字を書きなさい。
てきとう

1. village

□

むら

2. town

□

まち

3. city

□

し

4. city ward

□

く

5. Kyoto Prefecture

□□□

きょう　と　　ふ

6. Tokyo (metropolis)

□□□

とう　きょう　と

7. Ibaraki Prefecture

茨 城 □

いばら　き　けん

8. Tsukuba City

つくば □

し

9. peninsula

□□

はん　とう

10. Mr./Ms. Kimura

□□□

き　むら　さま

Ⅱ．ことばの意味をかんがえて、適当な漢字を書いてみましょう。
　　　　　　い　み　　　　　　　　　　てきとう

1. mayor

□□

し　ちょう

2. (town) mayor

□□

ちょうちょう

3. head of a village

□□

そん　ちょう

4. the governor of Tokyo

□ 知事

と　ち　じ

5. prefectural governor

□ 知事

けん　ち　じ

6. ward office

□ 役 □

く　やく　しょ

7. city office

□ 役 □

し　やく　しょ

8. town office

□ 役 □

まち　やく　ば

9. village office

☐役☐
むら やく ば

10. the Tokyo Metropolitan Government office

☐庁
と ちょう

11. prefectural office

☐庁
けん ちょう

12. Hiroshima Prefecture

☐☐☐
ひろ しま けん

13. Japan is an island nation.

☐☐ は ☐☐ です
に ほん　しま ぐに

14. Java Island

ジャワ☐
とう

15. Mr./Ms. Tanaka

☐☐☐
た なか さま

16. district

☐☐
ち く

17. to go to Tokyo

☐☐する
じょうきょう

18. downtown

☐☐
した まち

19. the Japanese government

☐☐政☐
に ほん せい ふ

20. the Izu Peninsula

伊豆☐☐
い ず はん とう

21. appearance

☐☐
よう す

22. various divisions

☐々な ☐☐
さま ざま　く ぶん

23. market place

☐☐
いち ば

24. (economic) market

☐☐
し じょう

ユニット3 ·· 読み物

＜封筒の書き方＞

　下の手紙は、茨城県に住む山下一夫さんが東京都内に住む前田京子さんに書いたものである。封筒のおもてには、右に相手の住所、そしてまん中に名前を書く。名前の下には「様」という字を書く。左上に切手をはり、小さい四角の中に郵便番号を書き入れる。郵便番号を書けば、都道府県名は書かなくてもよい。

　封筒のうらに手紙を書いた人の住所と名前を書く。山下さんは、大森さんの家に下宿しているから、「大森方」と書く。しかし、下宿している人に手紙を出す時には、「○○様方」と書かなければならない。

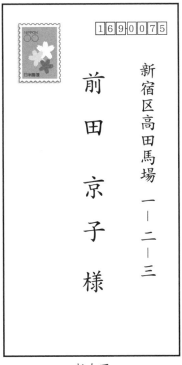

おもて

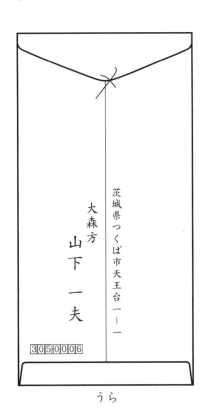

うら

＊封筒　envelope	手紙　letter	茨城県　Ibaraki Prefecture
一夫　common male name	おもて　the face (of an envelope)	
相手　receiver (of a letter)	はる　to put, to paste	四角　square
郵便番号　postal code	うら　the back (of an envelope)	
下宿する　to board	～方　care of ～, c/o ～	

||||||||||||||||||| ふくしゅう ||||||||||||||||||||
Review Lesson 16-20

N： 右　左　内　外　東　西　南　北　駅

　　 部(屋)　(会)社　(病)院　工場　図(書)館

　　 公園　地(下)鉄　住所　番号　東京　都

　　 府　県　市　区　町　村　島　様

A： 早い　忙しい　若い

　　 元気な　有名な　親切な　便利な　不便な

V： 出る　入る　乗る　降りる　着く　渡る　通る

　　 走る　歩く　止まる　動く　働く　住む

　　 切る　着る　出す　入れる　止める　　　　(58字)

I．次のことばの反対語 (opposite word) を書きなさい。
はんたいご

　e.g. 上　　　⇔　（　　下　　）

　1. 左　　　⇔　（　　　　　）　　8. 入る　⇔　（　　　　　　）

　2. 外　　　⇔　（　　　　　）　　9. 乗る　⇔　（　　　　　　）

　3. 東　　　⇔　（　　　　　）　　10. 動く　⇔　（　　　　　　）

　4. 北　　　⇔　（　　　　　）　　11. 働く　⇔　（　　　　　　）

　5. 遅い　　⇔　（　　　　　）　　12. 病気　⇔　（　　　　　　）

　6. 便利な　⇔　（　　　　　）　　13. 国内　⇔　（　　　　　　）

　7. 親切な　⇔　（　　　　　）　　14. 出す　⇔　（　　　　　　）

Ⅱ．次の□□のNとVを組み合わせて、短文を作りなさい。いくつ作ることができますか。

N

道	駅	島	家	店	寺	所	外	町	地下鉄
電車	会社	病院	工場	図書館	公園	本屋	学校
教室	部屋	外国	北海道	東京

V

行く	来る	食べる	飲む	見る	聞く	話す	読む
書く	歌う	買う	売る	教える	作る	泳ぐ	言う
会う	着る	開ける	閉める	待つ	切る	出る
入る	乗る	降りる	着く	渡る	通る	走る	歩く
止まる	動く	働く	休む	住む

e.g. 公園を歩きます。

1. _____

2. _____

3. _____

4. _____

5. _____

6. _____

7. _____

8. _____

9. _____

語構成1 (Word Structure 1)
ごこうせい

　ふたつの漢字からできたことばには、いろいろな漢字の組み合わせがあります。ここでは音読みのことばを見てみましょう。ひとつひとつの漢字の意味とことばの意味を考えてください。
い み　　　　　　　い み　かんが

① Two kanji with opposite meanings: □ ⇔ □

男女　　　→　男　と　女
だんじょ
大小　　　→　大きい　と　小さい
だいしょう
売買　　　→　売ること　と　買うこと
ばいばい

② Two kanji with similar meanings: □ ≒ □

森林　　　→　森　＋　林
しんりん
行動する　→　行う　＋　動く
こうどう

③ The former kanji modifies the latter kanji: □ → □

新車　　　→　新しい車
しんしゃ
教室　　　→　教える部屋（室＝部屋）
きょうしつ

④ The former kanji functions as a verb and the latter can be used with a particle 「へ」「に」「を」etc.

帰国する　→　国　に／へ　帰る
き こく
入学する　→　学校　に　入る
にゅうがく
閉店する　→　店　が　閉まる　／　店　を　閉める
へいてん

⑤ Others

[れんしゅう] つぎの漢字のことばは上の①〜④のどれと同じですか。
　　　　　　　〔　　〕の中に番号、（　　）の中に読み方を書きなさい。
　　　　　　　　　　　　　　ばんごう

1.〔　　〕前後（　　　　　　　）　　8.〔　　〕早速（　　　　　　　）

2.〔　　〕通学（　　　　　　　）　　9.〔　　〕長文（　　　　　　　）

3.〔　　〕広場（　　　　　　　）　　10.〔　　〕開店（　　　　　　　）

4.〔　　〕住所（　　　　　　　）　　11.〔　　〕長短（　　　　　　　）

5.〔　　〕外出（　　　　　　　）　　12.〔　　〕飲酒（　　　　　　　）

6.〔　　〕左右（　　　　　　　）　　13.〔　　〕開閉（　　　　　　　）

7.〔　　〕着物（　　　　　　　）　　14.〔　　〕読書（　　　　　　　）

第 21 課
<ruby>だい<rt></rt></ruby> <ruby>か<rt></rt></ruby>

動詞の漢字 -3-　-する動詞（Verbs -3-　SURU Verbs）・・・・・・・・・・・・・・・
どう し

The following word「勉強」is used as a noun in the sentence.

私は**勉強**が好きです。　　　　　　"I like studying."
べんきょう

But when「-する」is added, it can be used as a verb.

私は日本語を**勉強**しました。　　　"I studied Japanese."

There are a number of words which can be used as both a noun and a verb.

Look at the following examples and pay attention to the particles.

	＜名詞　Noun＞	＜動詞　Verb＞
勉強 べんきょう	日本語の勉強 the learning of Japanese	日本語を勉強する to learn Japanese
練習 れんしゅう	漢字の練習 the practice of kanji	漢字を練習する to practice kanji
研究 けんきゅう	文学の研究 the study of literature	文学を研究する to study literature

Some -する Verbs, however, take different particles.

質問 しつもん	先生への質問 a question to the teacher	先生に質問する to ask the teacher a question
留学 りゅうがく	米国への留学 going to America for study	米国へ留学する to go to America for study
結婚 けっこん	彼との結婚 marriage to him	彼と結婚する to get married to him

Some -する verbs are usually used without any particle in sentences because they imply a meaning which corresponds to N + V constructions as follows.

乗車する　　＝　車に乗る
じょうしゃ

下車する　　＝　車を下りる
げ しゃ

入国する　　＝　国に入る
にゅうこく

出国する　　＝　国を出る
しゅっこく

来日する　　＝　日本に来る
らいにち

[問題] Choose the words which can be used as verbs with -する .

1. [　　　] 時計 watch
   と けい

2. [　　　] 元気 healthy
   げん き

3. [　　　] 住所 address
   じゅうしょ

4. [　　　] 学習 learning
   がくしゅう

5. [　　　] 言語 language
   げん ご

6. [　　　] 不足 lack
   ふ そく

7. [　　　] 問題 problem
   もんだい

8. [　　　] 電話 telephone
   でん わ

9. [　　　] 会社 company
   かいしゃ

10. [　　　] 中止 cancel
    ちゅう し

11. [　　　] 病院 hospital
    びょういん

12. [　　　] 見物 sightseeing
    けんぶつ

13. [　　　] 外出 going out
    がいしゅつ

14. [　　　] 帰国 returning to one's country
    き こく

ユニット 2 ·············· 第 21 課のきほん漢字（Basic Kanji）

2-1 漢字の書き方

漢字	いみ	くんよみ	オンヨミ	（かくすう）

228 練 | train | | レン | （14）

く 乡 幺 糸 糸 糸 紅 紅 紀 紀 緉 緉 練 練

練習（れん・しゅう）する to practice

訓練（くん・れん）する to train

229 習 | learn / custom | なら-う | シュウ | （11）

フ 刁 刁 羽 羽 羽 羽 羽 習 習 習

習（なら）う to learn　　　　学習（がく・しゅう）する to learn, to study

習慣（しゅう・かん）habit, custom

230 勉 | endeavor | | ベン | （10）

ノ ク 勹 免 免 免 免 免 免 勉

勉強（べん・きょう）する to study, to learn

漢字	いみ	くんよみ	オンヨミ	（かくすう）

231 強 — strong, force — つよ-い — キョウ （11）

コ　コ　弓　弓　弓　弘　弘　弱　強　強

強（つよ）い strong　　　強調（きょう・ちょう）する to emphasize

勉強（べん・きょう）する to study, to learn

232 研 — grind, research — — ケン （9）

一　ブ　ア　石　石　石　石　研　研

研究（けん・きゅう）する to study, to research

研修（けん・しゅう）する to study, to train

233 究 — carry to extremity — — キュウ （7）

｀　宀　宀　宀　究　究

研究所（けん・きゅう・じょ）research institute

研究者（けん・きゅう・しゃ）researcher

234 留 — stay, detain — と-まる と-める — リュウ （10）

ト　ピ　ム　幻　切　留　留　留　留

書留（かき・とめ）registered mail　　　留学生（りゅう・がく・せい）foreign student

留学（りゅう・がく）する to study abroad

漢字		いみ		くんよみ			オンヨミ	（かくすう）

235 質

quality
question

オンヨミ シツ　（15）

´ ｀ ｢ ｢ ｢ ｢ ｢ ｢ ｢ ｢ ｢ ｢ ｢ ｢ 質

質

質（しつ）quality　　性質（せい・しつ）nature, character
質問（しつ・もん）する to ask a question

236 問

inquire
question

と-う
と-い

モン　（11）

｜ ｢ ｢ ｢ ｢ 門 門 門 問 問 問

問（と）い合（あ）わせる to inquire　　訪問（ほう・もん）する to visit
問（と）い question　　問１（とい・いち）question one

237 題

title
topic

ダイ　（18）

｜ ｢ ｢ 日 旦 早 昄 是 是 是 是 題 題

題 題 題 題

問題（もん・だい）question, problem　　話題（わ・だい）topic
宿題（しゅく・だい）homework　　題名（だい・めい）title

238 答

answer

こた-える
こた-え

トウ　（12）

ノ ｢ ｢ ｢ ｢ 竹 竹 竺 答 答 答

答（こた）える to answer　　返答（へん・とう）する to answer
答（こた）え answer　　回答（かい・とう）する to answer

漢字	いみ	くんよみ	オンヨミ	（かくすう）
239 宿	lodge inn		シュク	（11）

’ 宀 宀 宀 宀 宀 宀 宿 宿 宿

宿題（しゅく・だい） homework   宿舎（しゅく・しゃ） dormitory

宿泊（しゅく・はく）する to stay (overnight)   合宿（がっ・しゅく） training camp

2-2 読み練習 ···

Ⅰ．つぎの漢字の読み方をひらがなで書きなさい。

1. 勉強する   2. 研究する   3. 練習する

4. 留学する   5. 質問する   6. 答える   7. 習う

8. 強い   9. 宿題   10. 問題

Ⅱ．つぎの文を読んでみましょう。

1. 毎週日曜日は朝から晩まで宿舎で日本語を勉強しています。
   しゃ

2. 大学院に入って、何を研究したのですか。

3. 毎晩たくさん宿題があって、忙しいです。

4. つぎの文を読んで、質問に答えなさい。

5. この大学は留学生が少ないですね。

6. 今ドイツ語を習っていますから、毎日 CD を聞いて練習します。

7. あの人は話題が多くて、明るい性質です。

せい

8. 日本では、正月にお世話になった人の家を訪問する習慣が

せ　　　　　　　　　　　　　　ほう　　　　かん

　あります。

2-3 書き練習 ....

Ⅰ. つぎの□に適当な漢字を書きなさい。

てきとう

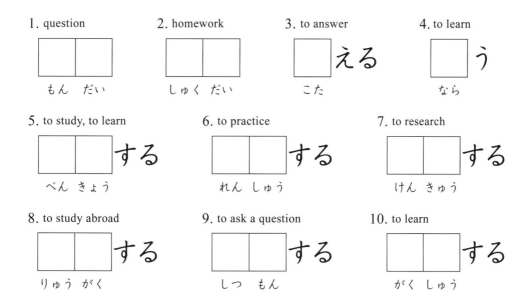

1. question
　もん　だい

2. homework
　しゅく　だい

3. to answer
　□える
　こた

4. to learn
　□う
　なら

5. to study, to learn
　□□する
　べん　きょう

6. to practice
　□□する
　れん　しゅう

7. to research
　□□する
　けん　きゅう

8. to study abroad
　□□する
　りゅう　がく

9. to ask a question
　□□する
　しつ　もん

10. to learn
　□□する
　がく　しゅう

Ⅱ. ことばの意味をかんがえて、適当な漢字を書いてみましょう。

い　み　　　　　　　　　　　　てきとう

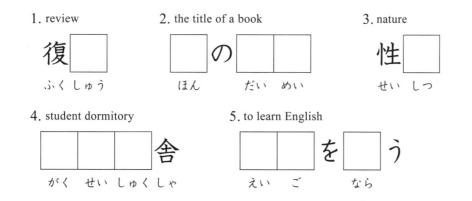

1. review
　復□
　ふく　しゅう

2. the title of a book
　□の□□
　ほん　　だい　めい

3. nature
　性□
　せい　しつ

4. student dormitory
　□□□舎
　がく　せい　しゅく　しゃ

5. to learn English
　□□を□う
　えい　ご　　なら

207

6. to answer a question

□□ に □ える
しつ もん　　こた

7. to practice kanji

漢字を □□ する
れん しゅう

8. to learn Japanese

□□□ を □□ する
に ほん ご　　べん きょう

9. custom

□ 慣
しゅうかん

10. to study biology

□□□ を □□ する
せい ぶつ がく　　けん きゅう

11. to stay (overnight)

□ 泊する
しゅく はく

Ⅲ. つぎの文を習った漢字を使って書きましょう。
　　　　　　　　つか

e.g. かれは　ちゅうごくの　がくせい　です。
　　　→彼は中国の学生です。

1. この　れんしゅうもんだいの　こたえが　わかりません。

2. せんせいの　けんきゅうしつで、いろいろな　しつもんを　した。

3. がいこくの　ひとと　かいわする　ときは、わだいに　きを

　つけましょう。

4. べいこくに　りゅうがくして、えいごを　べんきょうしてきた。

5. じゅうたくもんだいについて、こんどの　どように　けんきゅうかい

　が　ある。

ユニット3 ・・ 読み物

＜ゲーム「20の質問」＞

One person in a group gives a quiz and the others have to find out the answer within 20 questions. If they can get the right answer before within 20 questions, they win. If they cannot, the one who gave the quiz wins. He/she must answer with "Yes" or "No" only. Now, read the following example questions and answers, then guess the answer. There are 5 persons; the teacher, Tanaka, Furukawa, Mori and Ali. Ali gives the quiz.

先生：じゃ、「20の質問」をはじめましょう。アリさんが問題を出します。
　　　みなさん、質問してください。
田中：それは、大きいですか。
アリ：いいえ、あまり大きくありません。
古川：それは動物ですか。
アリ：いいえ、動物じゃありません。
田中：人ですか。
アリ：いいえ、ちがいます。
古川：じゃ、物ですか。
アリ：ええ、そうですね。
森　：それは食べることができますか。
アリ：いいえ、できません。
森　：それは買うことができますか。
アリ：いいえ、できません。
森　：ううん……できませんか。
古川：どんなときつかいますか。
先生：古川さん、「はい」か「いいえ」で答える質問だけですよ。
古川：あっ、すいません。じゃあ、……
先生：今度が7つ目の質問です。
古川：それは毎日つかいますか。
アリ：ええ、私はほとんど毎日です。
田中：朝つかいますか。
アリ：いえ、私は朝はつかいません。

田中：じゃ、夜つかうんですか。

アリ：はい。

田中：それはふとんですか。

森　：田中さん、ちょっと待って。あまり大きくない物だと言ってたから。

田中：ああ、そうか。じゃ、その質問はやめます。

森　：ねるときつかいますか。

アリ：いいえ。

森　：じゃ、食べるときつかいますか。

アリ：いいえ。

古川：勉強するとき。

アリ：はい、そうです。

森　：ええと、大きくない物で、毎晩勉強するときにつかう。買うことが
　　　できないんだから、……えんぴつやノートじゃないでしょう。

田中：そうですね。

古川：だれかにもらったんですか。

アリ：そう。もらいました。

田中：留学生の友だちにもらいましたか。

アリ：いいえ、ちがいます。

古川：先生にもらいましたか。

アリ：はい。

森　：あなたはそれが好きですか。

アリ：へへへ、あまり好きじゃありませんけど、……。

森　：分かった！　答えは（　　　　）でしょう。

アリ：はい、そうです。

＊どんなとき　when　　　　　　ほとんど　almost　　　　　ふとん　bedclothes
ねるとき　when you sleep

[質問]

　1. 上のゲームの答えは何ですか。

　2. 田中さん、古川さん、森さんのチームはいくつ質問しましたか。

　3. 友だちとこのゲームを練習してみてください。

＜部首ゲーム３ (Radical Game 3) ＞

　下の□□の中にあるブロックを組み立てて、漢字２字のことばを作りなさい。
それぞれにひとつだけ使わないブロックがあります。

e.g.

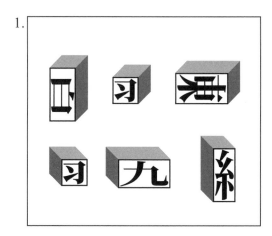 → 研究

1.

2.
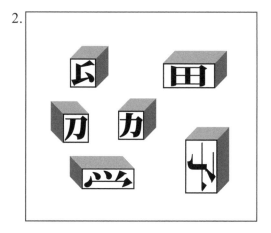

3.
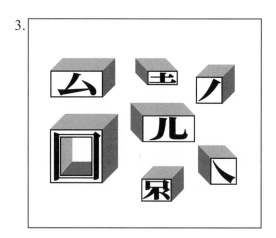

4.
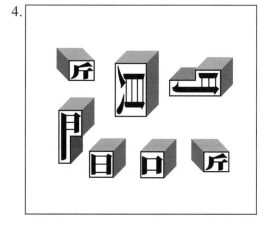

第 22 課
だい　　か

ユニット1 ·· 漢字の話

漢語 -1- （Kanji Compounds -1-）
かんご

下のことばを見てください。

政治（セイ・ジ）　　経済（ケイ・ザイ）　　歴史（レキ・シ）

教育（キョウ・イク）　文化（ブン・カ）　　科学（カ・ガク）

物理（ブツ・リ）　　　化学（カ・ガク）　　数学（スウ・ガク）

医学（イ・ガク）　　　工学（コウ・ガク）

みんな音読みのことばです。漢字二つからできたことばは、たいてい音読み
で読みます。

　　漢語　→　音読み　＋　音読み

けれども、ほかの読み方の漢字の言葉もあります。

音読み ＋ 訓読み： くん	本屋（ホン・や）	book store	
	金色（キン・いろ）	golden	
訓読み ＋ 音読み： くん	場所（ば・ショ）	place	
	古本（ふる・ホン）	used book	
	切符（きっ・プ）	ticket	
訓読み ＋ 訓読み： くん　　　くん	切手（きっ・て）	stamp	
	名前（な・まえ）	name	
	手紙（て・がみ）	letter	

下のことばは、読み方で意味がちがいます。

生物　＝　（セイ・ブツ）　(living) creature

　　　＝　（なま・もの）　uncooked food

色紙　＝　（シキ・シ）　square card (for writing a poem)

　　　＝　（いろ・がみ）　colored paper

目下　＝　（モッ・カ）　at present

　　　＝　（め・した）　one's subordinate

一切　＝　（イッ・サイ）　all

　　　＝　（ひと・きれ）　one piece

日本語には、和語（native Japanese words）、漢語（words of Chinese origin）、外来語（words of foreign origin）があります。どんなときに、どれをつかっているでしょうか。かんがえてみましょう。

飯（めし）	御飯（ゴ・ハン）	ライス（rice）
車（くるま）	自動車（ジ・ドウ・シャ）	カー（car）
旅（たび）	旅行（リョ・コウ）	トラベル（travel）
市場（いち・ば）	市場（シ・ジョウ）	マーケット（market）
宿屋（やど・や）	旅館（リョ・カン）	ホテル（hotel）
受取（うけ・と）り	受領書（ジュ・リョウ・ショ）	レシート（receipt）
	領収書（リョウ・シュウ・ショ）	

ユニット2　　·············　第22課のきほん漢字（Basic Kanji）

2-1 漢字の書き方

漢字	いみ	くんよみ	オンヨミ	（かくすう）

240

政　politics / rule　　　　　　　　　　セイ　（9）

一 Ｔ Ｆ 开 正 正 正 政 政

政治（せい・じ）politics　　　　　　政府（せい・ふ）government
行政（ぎょう・せい）administration　　政治家（せい・じ・か）politician

241

治　govern / cure　　おさ-まる　なお-る　　ジ
　　　　　　　　おさ-める　なお-す　　チ　（8）

丶 冫 氵 氵 沙 治 治 治

治（なお）す to cure　　　　　　　明治（めい・じ）the Meiji Era
治（おさ）める to govern　　　　　治療（ち・りょう）する to treat

242

経　manage / pass through　　　　　　　ケイ　（11）

く ㇗ 纟 纟 糸 糸 纟 纤 紷 経 経

経済（けい・ざい）the economy　　　経由（けい・ゆ）via, by way of
経営（けい・えい）する to manage, to run (a company, etc.)

漢字	いみ	くんよみ	オンヨミ	(かくすう)

243 済
settle
save
サイ／-ザイ (11)

汁汁汁汁汁汁済済済済済

返済(へん・さい)する to pay back

経済学(けい・ざい・がく) economics

244 歴
continuation
passage of time
レキ (14)

一厂厂厂厈厊厤麻麻麻歴歴歴歴

歴史(れき・し) history   学歴(がく・れき) one's educational background

履歴書(り・れき・しょ) one's personal history

245 史
history
シ (5)

丨口口史史

史学(し・がく) history (field of study)   日本史(に・ほん・し) Japanese history

近代史(きん・だい・し) modern history

246 育
raise
bring up
そだ-つ
そだ-てる
イク (8)

丶一ナ方存育育育

育(そだ)つ to grow   教育(きょう・いく) education

育(そだ)てる to bring up   体育(たい・いく) physical education

215

漢字	いみ	くんよみ	オンヨミ	（かくすう）

247 化
change
-ization

カ
ケ
(4)

ノ イ イ 化

化学（か・がく）chemistry　　文化（ぶん・か）culture
近代化（きん・だい・か）modernization　　化粧品（け・しょう・ひん）cosmetics

248 理
reason
manage

リ
(11)

一 丁 干 王 王 圹 玾 珇 珇 理 理

物理（ぶつ・り）physics　　料理（りょう・り）する to cook
理由（り・ゆう）reason　　地理学（ち・り・がく）geography

249 科
branch
division
department

カ
(9)

ノ 二 千 禾 禾 禾 科 科

科学（か・がく）science　　外科（げ・か）surgery
教科書（きょう・か・しょ）textbook　　理科（り・か）science course

250 数
number
some, several

かず　かぞ-える
スウ
(13)

丶 丶 ⺍ 半 半 米 娄 娄 娄 数 数 数

数（かぞ）える to count　　数学（すう・がく）mathematics
数（かず）number　　数人（すう・にん）several people

漢字	いみ	くんよみ		オンヨミ	（かくすう）

251

医　medicine / doctor — イ　(7)

一　丆　モ　玉　歼　厇　医

医学（い・がく）medical science　　医者（い・しゃ）doctor
医院（い・いん）doctor's office, clinic

2-2 読み練習

Ⅰ．つぎの漢字の読み方をひらがなで書きなさい。

1. 歴史　2. 教育　3. 経済　4. 政治　5. 数学

6. 医学　7. 化学　8. 物理　9. 科学　10. 体育

11. 学歴　12. 政府　13. 教科書

Ⅱ．つぎの文を読んでみましょう。

1. 弟は大学院で物理学を研究しています。

2. 姉は今二人の子どもを育てています。

3. 兄は医学部を出て内科の医者になりました。
<small>しゃ</small>

4. この歴史の教科書にはいろいろな問題があります。

5. 彼には学問はあるが経済力がない。

6. 彼女のおじいさんは明治時代の有名な政治家です。
<small>だい</small>

7. この大学には文学部、教育学部、政治学部、経済学部、理学部などがある。

8. 外国へ行く前に、その国の文化について勉強したほうがいい。

9. 薬だけで病気を治すことはできません。

10. 数学より体育のクラスのほうが好きです。

11. カナダに留学して、地理の勉強をしてきたい。

12. 北川さんは数年前から東京の経済新聞社で働いている。

2-3 書き練習

I. つぎの□に適当な漢字を書きなさい。
てきとう

1. politics
□□
せい じ

2. the economy
□□
けい ざい

3. history
□□
れき し

4. education
□□
きょう いく

5. culture
□□
ぶん か

6. physics
□□
ぶつ り

7. chemistry
□□
か がく

8. science
□□
か がく

9. mathematics
□□
すう がく

10. medical science
□□
い がく

11. physical education
□□
たい いく

Ⅱ．ことばの意味をかんがえて、適当な漢字を書いてみましょう。

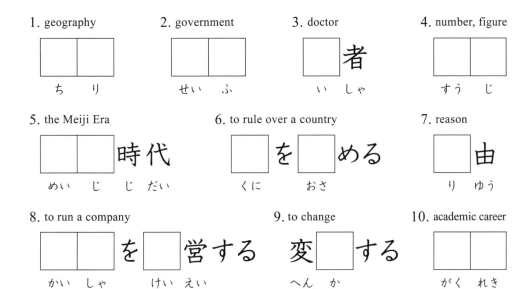

1. geography

□□
ち　り

2. government

□□
せい　ふ

3. doctor

□者
い　しゃ

4. number, figure

□□
すう　じ

5. the Meiji Era

□□時代
めい　じ　じ　だい

6. to rule over a country

□を□める
くに　　おさ

7. reason

□由
り　ゆう

8. to run a company

□□を□営する
かい　しゃ　　けい　えい

9. to change

変□する
へん　か

10. academic career

□□
がく　れき

Ⅲ．つぎの文を習った漢字を使って書きましょう。

e.g. にほんの　しゃかいでは、がくれきが　たいせつだ。
　　→日本の社会では、学歴が大切だ。

1. かのじょは　こどもを　そだてながら、だいがくで　けいざいを
　　　　　　　　　　　while bringing up her child

べんきょうした。

2. めを　とじて、いちから　じゅうまで　かぞえてください。
　　close your eyes

3. エレベーターの　みぎが　ないかの　びょうしつ、ひだりが　げかの
　　　　　　　　　　　　　　internal medicine　　　　　　　　　　　　　　surgical department

びょうしつです。

4. しゅくだいは、 すうがくの きょうかしょの 53ページの

もんだいです。

5. がいこくごを ならう ときは、その くにの ぶんかも いっしょに

ならったほうがいい。

ユニット3 .... 読み物

＜本さがし＞

　これは本屋の中の見取り図 (sketch) です。これから下のa～kの本を買いに行きます。本の題名を読んで、どのたな (which shelf) にあるか、1～17の中からえらんでください。

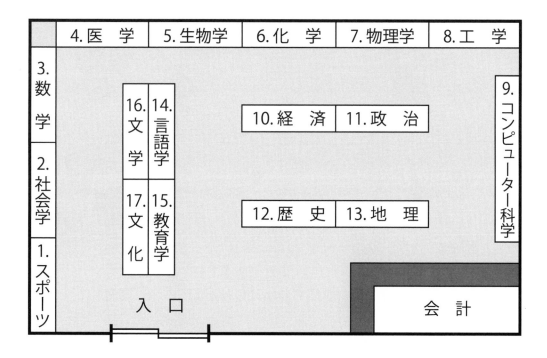

[問題]　つぎの本を見つけてください。

a.『日米経済摩擦の問題』　たなの番号（　　）　b.『現代体育の方法』　たなの番号（　　）

c.『ドイツ語文法入門』　（　　）　d.『パソコン Basic の使い方』（　　）

e.『やさしい中米史』　（　　）　f.『新しい英語教育の方法』（　　）

g.『薬と医学』　（　　）　h.『シェイクスピア研究』（　　）

i.『Analytical Chemistry』（　　）　j.『Atomic Energy』（　　）

k.『Trends in American Politics』（　　）

しっていますか できますか

＜書店で見る漢字＞

　ここは東京の大きな書店です。あなたのほしい本を見つけることができますか。あなたの買いたい本はどこにありますか。

書籍（しょせき）─────────── 文具（ぶんぐ）
books
stationery

新刊書（しんかんしょ）　　　　　雑誌（ざっし）
new books
magazines

──人文科学（じんぶんかがく）the humanities
　　文学（ぶんがく）　　　歴史（れきし）
　　言語学（げんごがく）　哲学（てつがく）

──社会科学（しゃかいかがく）the social sciences
　　社会学（しゃかいがく）　教育（きょういく）
　　経済学（けいざいがく）

──自然科学（しぜんかがく）the natural sciences
　　物理学（ぶつりがく）　　化学（かがく）
　　生物学（せいぶつがく）　情報工学（じょうほうこうがく）

──語学（ごがく）・辞典（じてん）language/dictionaries

──文芸（ぶんげい）・教養（きょうよう）literary arts/culture

音訓さくいん（Vol. 1）
おんくん

　音はカタカナ、訓はひらがなで書く。あいうえお順にならべ、音訓の順、同じ音訓は、
課の順になっている。数字は課の数。
じゅん
か

［あ］

あいだ	間	5
あ-う	会	12
あお	青	14
あお-い	青	14
あ-がる	上	4
あか-るい	明	5
あ-く	開	13
あ-ける	明	5
あ-ける	開	13
あ-げる	上	4
あさ	朝	10
あし	足	6
あたら-しい	新	8
あと	後	10
あに	兄	15
あね	姉	15
あぶら	油	11
あめ	雨	6
ある-く	歩	17
アン	安	8
アン	暗	8

［い］

イ	医	22
い-う	言	11
いえ	家	12
い-きる	生	2
イク	育	22
い-く	行	9
いし	石	6

いそが-しい	忙	16
いた-い	痛	13
いた-む	痛	13
イチ	一	3
いち	市	20
いつ	五	3
いつ-つ	五	3
いと	糸	6
いま	今	12
いもうと	妹	15
い-れる	入	17
いわ	岩	5
イン	飲	9
イン	院	18

［う］

ウ	雨	6
ウ	右	18
うえ	上	4
うご-かす	動	17
うご-く	動	17
うし	牛	7
うし-ろ	後	10
うた	歌	14
うた-う	歌	14
うち	内	18
うま	馬	7
う-まれる	生	2
うみ	海	11
う-る	売	12

［え］

エイ	泳	11
エイ	英	12
エキ	駅	18
エン	円	3
エン	遠	14
エン	園	19

［お］

お	小	4
おお-い	多	8
おお-きい	大	4
オク	屋	13
おく	奥	15
おく-れる	遅	14
おこな-う	行	9
おさ-まる	治	22
おさ-める	治	22
おし-える	教	9
おそ-い	遅	14
おっと	夫	15
おとうと	弟	15
おとこ	男	5
おも-な	主	15
おや	親	16
およ-ぐ	泳	11
お-りる	降	17
お-ろす	降	17
おんな	女	2

漢字番号順音訓さくいん　Basic Kanji Book vol.1 で学習した漢字の読み一覧
かんじ ばんごうじゅんおんくん

漢字番号	漢字	課	読み（「：」は「自動詞：他動詞」の対を表す。細字は、BKB には載せていない常用漢字表にある読みで、［ ］はその語例。）

読み（「：」は「自動詞：他動詞」の対を表す。細字は、BKB には載せていない
じどうし たどうし つい あらわ ほそじ の
常用漢字表にある読みで、［ ］はその語例。）
じょうようかんじひょう ごれい

漢字番号	漢字	課	読み
1	日	BKB-1	ひ／び　　か　　ニチ／ニ　　ジツ
2	月	BKB-1	つき　　ゲツ　　ガツ
3	木	BKB-1	き　　モク　　ボク　　　　　　　　　　　　　　　　こ［木立］
4	山	BKB-1	やま　　サン／-ザン
5	川	BKB-1	かわ／-がわ　　セン
6	田	BKB-1	た／-だ　　デン
7	人	BKB-1	ひと　　ジン　　ニン
8	口	BKB-1	くち／-ぐち　　コウ　　　　　　　　　　　　　　　　ク［口調］
9	車	BKB-1	くるま　　シャ
10	門	BKB-1	かど　　モン
11	火	BKB-2	ひ　　カ　　　　　　　　　　　　　　　　　　　　ほ［火影］
12	水	BKB-2	みず　　スイ
13	金	BKB-2	かね　　キン　　　　　　　かな［金具］　　コン［黄金］
14	土	BKB-2	つち　　ド　　　　　　　　　　　　　　　　　ト［土地］
15	子	BKB-2	こ　　シ　　　　　　　　　　　　　　　　　　ス［様子］
16	女	BKB-2	おんな　　ジョ　　　　め［女神］　　ニョ［天女］　　ニョウ［女房］
17	学	BKB-2	まな-ぶ　　ガク／ガッ-
18	生	BKB-2	い-きる　　う-まれる　　セイ　　は-える：は-やす　　い-ける　　い-かす　　う-む　　お-う　　き［生一本］　　なま［生卵］　　ショウ［一生］
19	先	BKB-2	さき　　セン
20	私	BKB-2	わたし　　わたくし　　シ
21	一	BKB-3	ひと-つ　　ひと　　イチ　　　　　　　　　　　イツ［単一］
22	二	BKB-3	ふた-つ　　ふた　　ニ
23	三	BKB-3	みっ-つ　　サン　　　　　　み［三日月］　　みつ［三つ指］
24	四	BKB-3	よっ-つ　　よん　　よ　　シ　　　　　　　　よつ［四つ角］
25	五	BKB-3	いつ-つ　　いつ　　ゴ
26	六	BKB-3	むっ-つ　　ロク／ロッ-　　*むい［六日］　　む［六月目］　　むつ［六つ切り］
27	七	BKB-3	なな-つ　　なな　　シチ　　*なの［七日］
28	八	BKB-3	やっ-つ　　ハチ／ハッ-　　*よう［八日］　　や［八重］　　やつ［八つ当たり］
29	九	BKB-3	ここの-つ　　ここの　　ク　　キュウ
30	十	BKB-3	とお　　ジュウ／ジュッ-　　ジッ-　　　　　　と［十色］
31	百	BKB-3	ヒャク／-ビャク／-ピャク
32	千	BKB-3	ち　　セン／-ゼン
33	万	BKB-3	マン　　　　　　　　　　　　　　　　　　バン［万国］
34	円	BKB-3	エン　　　　　　　　　　　　　　　　　　まる-い
35	年	BKB-3	とし　　ネン

36	上	BKB-4	うえ	あ-がる：あ-げる		のぼ-る	ジョウ		かみ[川上]
				のぼ-せる：のぼ-す		うわ[上着]	ショウ[上人]
37	下	BKB-4	した	さ-がる：さ-げる		くだ-る	カ	ゲ	しも[川下]
				お-りる：お-ろす	くだ-す	くだ-さる	もと[足下]
38	中	BKB-4	なか	チュウ	ジュウ				
39	大	BKB-4	おお-きい	ダイ	タイ	*おとな[大人]			
							おお[大通り]	おお-いに
40	小	BKB-4	ちい-さい	こ	お	ショウ	*こども[小人]		
41	本	BKB-4	もと	ホン					
42	半	BKB-4	なか-ば	ハン					
43	分	BKB-4	わ-かれる：わ-ける		わ-かる	ブン	フン／-プン		
						わ-かつ	ブ[五分]
44	力	BKB-4	ちから	リョク	リキ				
45	何	BKB-4	なに	なん					カ[如何]
46	明	BKB-5	あか-るい	あ-ける	メイ		あか-り	あか-らむ＝あか-るむ
				あ-く：あか-す	あき-らか	あ-くる	ミョウ[明日]
47	休	BKB-5	やす-む	キュウ				やす-まる：やす-める
48	体	BKB-5	からだ	タイ					テイ[体裁]
49	好	BKB-5	す-く／す-きな	コウ					この-む
50	男	BKB-5	おとこ	ダン	ナン				
51	林	BKB-5	はやし	リン					
52	森	BKB-5	もり	シン					
53	間	BKB-5	あいだ	ま	カン				ケン[世間]
54	畑	BKB-5	はたけ	はた					
55	岩	BKB-5	いわ	ガン					
56	目	BKB-6	め	モク			ま[目深]	ボク[面目]
57	耳	BKB-6	みみ	ジ					
58	手	BKB-6	て	シュ	*ジョウズ[上手]				た[手綱]
59	足	BKB-6	あし	た-りる：た-す	ソク				た-る
60	雨	BKB-6	あめ	ウ					あま[雨戸]
61	竹	BKB-6	たけ	チク					
62	米	BKB-6	こめ	マイ	ベイ				
63	貝	BKB-6	かい						
64	石	BKB-6	いし	セキ			シャク[磁石]	コク[石高]
65	糸	BKB-6	いと	シ					
66	花	BKB-7	はな	カ					
67	茶	BKB-7	チャ	サ					
68	肉	BKB-7	ニク						
69	文	BKB-7	ブン	モン					ふみ[恋文]
70	字	BKB-7	ジ						あざ[字]
71	物	BKB-7	もの	ブツ	モツ				

72	牛	BKB-7	うし	ギュウ				
73	馬	BKB-7	うま	バ				ま[絵馬]
74	鳥	BKB-7	とり	チョウ				
75	魚	BKB-7	さかな	ギョ				うお[魚市場]
76	新	BKB-8	あたら-しい	シン		あら-たな		にい[新妻]
77	古	BKB-8	ふる-い	コ				ふる-す
78	長	BKB-8	なが-い	チョウ				
79	短	BKB-8	みじか-い	タン				
80	高	BKB-8	たか-い	コウ		たか-まる：たか-める	たか[売上高]	
81	安	BKB-8	やす-い	アン				
82	低	BKB-8	ひく-い	テイ			ひく-まる：ひく-める	
83	暗	BKB-8	くら-い	アン				
84	多	BKB-8	おお-い	タ				
85	少	BKB-8	すく-ない	すこ-し	ショウ			
86	行	BKB-9	い-く	おこな-う	コウ	ギョウ	ゆ-く[行く末]	アン[行灯]
87	来	BKB-9	く-る	ライ			きた-る	きた-す
88	帰	BKB-9	かえ-る：かえ-す	キ				
89	食	BKB-9	た-べる	ショク		く-う	く-らう	ジキ[断食]
90	飲	BKB-9	の-む	イン				
91	見	BKB-9	み-る	み-える	み-せる	ケン		
92	聞	BKB-9	き-く	き-こえる	ブン			モン[前代未聞]
93	読	BKB-9	よ-む	ドク			トク[読本]	トウ[読点]
94	書	BKB-9	か-く	ショ				
95	話	BKB-9	はな-す	はなし	ワ			
96	買	BKB-9	か-う					バイ[売買]
97	教	BKB-9	おし-える	キョウ				おそ-わる
98	朝	BKB-10	あさ	チョウ				
99	昼	BKB-10	ひる	チュウ				
100	夜	BKB-10	よる	よ	ヤ			
101	晩	BKB-10	バン					
102	夕	BKB-10	ゆう	*たなばた[七夕]				セキ[一朝一夕]
103	方	BKB-10	かた	ホウ				
104	午	BKB-10	ゴ					
105	前	BKB-10	まえ	ゼン				
106	後	BKB-10	あと	うし-ろ	ゴ	コウ	おく-れる	のち[後の世]
107	毎	BKB-10	マイ					
108	週	BKB-10	シュウ					
109	曜	BKB-10	ヨウ					
110	作	BKB-11	つく-る	サク	サ			
111	泳	BKB-11	およ-ぐ	エイ				
112	油	BKB-11	あぶら	ユ				

113	海	BKB-11	うみ	カイ					
114	酒	BKB-11	さけ	さか	シュ				
115	待	BKB-11	ま-つ	タイ					
116	校	BKB-11	コウ						
117	時	BKB-11	とき	ジ	＊とけい[時計]				
118	言	BKB-11	い-う	こと	ゲン	ゴン			
119	計	BKB-11	ケイ					はか-る	はか-らう	
120	語	BKB-11	ゴ	＊ものがたり[物語]			かた-る	かた-らう	
121	飯	BKB-11	めし	ハン					
122	宅	BKB-12	タク						
123	客	BKB-12	キャク						カク[旅客機]
124	室	BKB-12	シツ						むろ[室町時代]
125	家	BKB-12	いえ	や	カ				ケ[田中家]
126	英	BKB-12	エイ						
127	薬	BKB-12	くすり	ヤク／ヤッ-					
128	会	BKB-12	あ-う	カイ					エ[会釈]
129	今	BKB-12	いま	コン	＊きょう[今日]	＊ことし[今年]			キン[古今]
130	雪	BKB-12	ゆき						セツ[新雪]
131	雲	BKB-12	くも						ウン[暗雲]
132	電	BKB-12	デン						
133	売	BKB-12	う-る	バイ					う-れる
134	広	BKB-13	ひろ-い	コウ		ひろ-まる：ひろ-める		ひろ-がる：ひろ-げる	
135	店	BKB-13	みせ	テン					
136	度	BKB-13	ド			たび[この度]	ト[法度]	タク[支度]	
137	病	BKB-13	ビョウ			や-む	やまい	ヘイ[疾病]	
138	疲	BKB-13	つか-れる					ヒ[疲労]	
139	痛	BKB-13	いた-い	いた-む	ツウ			いた-める	
140	屋	BKB-13	や	オク					
141	国	BKB-13	くに	コク					
142	回	BKB-13	まわ-る：まわ-す	カイ				エ[回向]	
143	困	BKB-13	こま-る	コン					
144	開	BKB-13	あ-く：あ-ける	ひら-く	カイ			ひら-ける	
145	閉	BKB-13	し-まる：し-める	と-じる	ヘイ			と-ざす	
146	近	BKB-14	ちか-い	キン					
147	遠	BKB-14	とお-い	エン				オン[久遠]	
148	速	BKB-14	はや-い	ソク		はや-まる：はや-める	すみ-やか		
149	遅	BKB-14	おそ-い	おく-れる	チ			おく-らす	
150	道	BKB-14	みち	ドウ				トウ[神道]	
151	青	BKB-14	あお-い	あお	セイ			ショウ[緑青]	
152	晴	BKB-14	は-れる	セイ				は-らす	
153	静	BKB-14	しず-かな	セイ		しず-まる：しず-める	しず[静けさ]	ジョウ[静脈]	

No.	漢字	課	読み				
154	寺	BKB-14	てら	ジ			
155	持	BKB-14	も-つ	ジ			
156	荷	BKB-14	に	カ			
157	歌	BKB-14	うた	うた-う	カ		
158	友	BKB-15	とも	ユウ			
159	父	BKB-15	ちち	フ	*とう[お父さん]		
160	母	BKB-15	はは	ボ	*かあ[お母さん]		
161	兄	BKB-15	あに	ケイ	キョウ	*にい[お兄さん]	
162	姉	BKB-15	あね	シ	*ねえ[お姉さん]		
163	弟	BKB-15	おとうと	テイ	ダイ	*デ[弟子]	
164	妹	BKB-15	いもうと	マイ			
165	夫	BKB-15	おっと	フ	*フウ[夫婦]		
166	妻	BKB-15	つま	サイ			
167	彼	BKB-15	かれ	かの			ヒ[彼岸]
168	主	BKB-15	おも-な	ぬし	シュ		ス[坊主]
169	奥	BKB-15	おく				オウ[奥州]
170	元	BKB-16	もと	ゲン	ガン		
171	気	BKB-16	キ				ケ[気配]
172	有	BKB-16	ユウ			あ-る	ウ[有無]
173	名	BKB-16	な	メイ			ミョウ[名字]
174	親	BKB-16	おや	した-しい	シン		した-しむ
175	切	BKB-16	き-る／きっ-	セツ		き-れる	サイ[一切]
176	便	BKB-16	ベン	ビン			たよ-り
177	利	BKB-16	リ				き-く
178	不	BKB-16	フ				ブ[不精]
179	若	BKB-16	わか-い		も-しくは	ニャク[老若]	ジャク[若干]
180	早	BKB-16	はや-い	ソウ		はや-まる：はや-める	サッ[早速]
181	忙	BKB-16	いそが-しい	ボウ			
182	出	BKB-17	で-る：だ-す	シュツ／シュッ-			スイ[出納]
183	入	BKB-17	はい-る：い-れる	ニュウ	*いりぐち[入口]		い-る
184	乗	BKB-17	の-る：の-せる	ジョウ			
185	降	BKB-17	おりる：おろす	ふ-る	コウ		
186	着	BKB-17	つ-く	き-る	チャク	つ-ける　き-せる	ジャク[執着]
187	渡	BKB-17	わた-る：わた-す	ト			
188	通	BKB-17	とお-る：とお-す	かよ-う	ツウ		ツ[通夜]
189	走	BKB-17	はし-る	ソウ			
190	歩	BKB-17	ある-く	ホ／-ポ		あゆ-む	ブ[歩合]　フ[歩]
191	止	BKB-17	と-まる：と-める	シ			
192	動	BKB-17	うご-く：うご-かす	ドウ			
193	働	BKB-17	はたら-く	ドウ			
194	右	BKB-18	みぎ	ウ	ユウ		

195	左	BKB-18	ひだり	サ					
196	東	BKB-18	ひがし	トウ					
197	西	BKB-18	にし	セイ	サイ				
198	北	BKB-18	きた	ホク／ホッ-					
199	南	BKB-18	みなみ	ナン					ナ[南無]
200	外	BKB-18	そと	ガイ	ゲ		ほか	はず-れる：はず-す	
201	内	BKB-18	うち	ナイ					ダイ[内裏]
202	部	BKB-18	ブ	*へや[部屋]					
203	駅	BKB-18	エキ						
204	社	BKB-18	シャ／-ジャ						やしろ
205	院	BKB-18	イン						
206	地	BKB-19	ジ	チ					
207	鉄	BKB-19	テツ						
208	工	BKB-19	コウ						ク[大工]
209	場	BKB-19	ば	ジョウ					
210	図	BKB-19	ズ	ト					はか-る
211	館	BKB-19	カン						やかた
212	公	BKB-19	コウ						おおやけ
213	園	BKB-19	エン						その[花園]
214	住	BKB-19	す-む	ジュウ					す-まう
215	所	BKB-19	ところ	ショ／-ジョ					
216	番	BKB-19	バン						
217	号	BKB-19	ゴウ						
218	市	BKB-20	いち	シ					
219	町	BKB-20	まち	チョウ					
220	村	BKB-20	むら	ソン					
221	区	BKB-20	ク						
222	都	BKB-20	ト					みやこ	ツ[都合]
223	府	BKB-20	フ						
224	県	BKB-20	ケン						
225	島	BKB-20	しま	トウ					
226	京	BKB-20	キョウ						ケイ[京阪]
227	様	BKB-20	さま	ヨウ					
228	練	BKB-21	レン						ね-る
229	習	BKB-21	なら-う	シュウ					
230	勉	BKB-21	ベン						
231	強	BKB-21	つよ-い	キョウ		つよ-まる：つよ-める	し-いる		ゴウ[強引]
232	研	BKB-21	ケン						と-ぐ
233	究	BKB-21	キュウ						きわ-める
234	留	BKB-21	と-まる：と-める	リュウ					ル[留守]
235	質	BKB-21	シツ					シチ[質屋]	チ[言質]

236	問	BKB-21	と-う	と-い	モン		とん[問屋]
237	題	BKB-21	ダイ				
238	答	BKB-21	こた-える	こた-え	トウ		
239	宿	BKB-21	シュク			やど[宿屋]	やど-る：やど-す
240	政	BKB-22	セイ			まつりごと	ショウ[摂政]
241	治	BKB-22	おさ-まる：おさ-める	なお-る：なお-す	ジ	チ	
242	経	BKB-22	ケイ			へ-る	キョウ[経典]
243	済	BKB-22	サイ／-ザイ				す-む：す-ます
244	歴	BKB-22	レキ				
245	史	BKB-22	シ				
246	育	BKB-22	そだ-つ：そだ-てる	イク			はぐく-む
247	化	BKB-22	カ	ケ			ば-ける：ば-かす
248	理	BKB-22	リ				
249	科	BKB-22	カ				
250	数	BKB-22	かず	かぞ-える	スウ		ス[数寄屋]
251	医	BKB-22	イ				

執 筆 者 略 歴

加納千恵子
筑波大学大学院地域研究研究科修士課程
修了。
マレーシアのマラ工科大学語学センター
日本語講師、筑波大学留学生教育セン
ター非常勤講師等を経て、筑波大学人文
社会系教授を務める。筑波大学名誉教授。

清水百合
コロンビア大学ティーチャーズカレッジ
応用言語学科修士課程修了。
筑波大学留学生教育センター非常勤講師
等を経て、九州大学留学生センター教授
を務める。元九州大学教授。

谷部弘子
筑波大学大学院地域研究研究科修士課程
修了。
在中国日本語研修センター日本語講師、
筑波大学留学生教育センター非常勤講
師、国際交流基金日本語国際センター日
本語教育専門職員を経て、東京学芸大学
留学生センター教授を務める。現在、東
京学芸大学特任教授。

石井恵理子
学習院大学大学院人文科学研究科博士前
期課程修了。
インターカルト日本語学校講師、筑波大
学留学生教育センター非常勤講師、国立
国語研究所日本語教育部門第一領域長等
を経て、現在、東京女子大学現代教養学
部教授。

[新版] BASIC KANJI BOOK
―基本漢字 500―　VOL.1

2015 年　5 月　1 日　　初 版第 1 刷発行
2020 年　5 月　1 日　　第 2 版第 1 刷発行

著　　　　者	加納千恵子，清水百合，谷部弘子，石井恵理子
発　　　　行	株式会社 凡 人 社 〒 102-0093 東京都千代田区平河町 1-3-13 TEL：03-3263-3959
イ ラ ス ト	酒井弘美
カバーデザイン	前田純子
本文デザイン	清水百合，Atelier O.ha

ISBN 978-4-89358-973-6